本著作得到国家社会科学基金一般项目"我国事业单位人员养老保险分类改革研究"（11BSH062）资助。特此感谢。

底线公平

基础普惠型事业单位
养老保险制度的建设

高和荣 著

中国社会科学出版社

图书在版编目（CIP）数据

底线公平：基础普惠型事业单位养老保险制度的建设／高和荣著．—北京：中国社会科学出版社，2017.1

ISBN 978 - 7 - 5161 - 9747 - 9

Ⅰ. ①底… Ⅱ. ①高… Ⅲ. ①行政事业单位—养老保险制度—制度建设—中国 Ⅳ. ①F842.67

中国版本图书馆 CIP 数据核字（2017）第 013447 号

出 版 人	赵剑英
责任编辑	孙铁楠
责任校对	邓晓春
责任印制	张雪娇

出 版	中国社会科学出版社
社 址	北京鼓楼西大街甲 158 号
邮 编	100720
网 址	http://www.csspw.cn
发 行 部	010 - 84083685
门 市 部	010 - 84029450
经 销	新华书店及其他书店

印 刷	北京君升印刷有限公司
装 订	廊坊市广阳区广增装订厂
版 次	2017 年 1 月第 1 版
印 次	2017 年 1 月第 1 次印刷

开 本	710 × 1000 1/16
印 张	13.75
插 页	2
字 数	178 千字
定 价	49.00 元

凡购买中国社会科学出版社图书，如有质量问题请与本社营销中心联系调换
电话：010 - 84083683

事业单位是独具中国特色的制度设计与行政安排，它与机关及企业一起成为职工就业选择的三类单位之一。新中国成立以后，特别是 20 世纪 90 年代以来，为了应对国有企业的改革以及随之而来的职工下岗分流，各级政府将大量的精力投入到企业职工养老保险制度的顶层设计上，出台了一系列较为完整的政策法规，实行了"社会统筹与个人账户"相结合的社会养老保险制度。与此同时，机关事业单位仍然沿袭计划经济时代所形成的退休养老制度，由各级财政给予这类人员退休养老金，保障他们的退休生活，这类群体由此形成了较为严重的福利依赖与制度依赖，加剧了机关、事业及企业三类职工之间的养老金待遇不公平，引发了就业、教育、住房、医疗等其他领域内的不公平，社会各界对此反映较为强烈。加快事业单位养老保险制度的改革，为机关公务员养老制度改革提供可资借鉴的经验，实现各类人员养老保险制度的普遍整合，促进机关、事业及企业职工乃至其他群体的养老保险制度更加公平、更可持续的建设就显得尤为必要。

　　为此，本书从逻辑与历史相统一角度，回顾事业单位养老保险制度的历史演进，分析事业单位养老保险制度改革的缘由及路径，反思事业单位养老保险制度改革的得失，追问事业单位养老保险制度改革的理论基础及价值取向，依据底线公平，以基础普惠角度提出如何构建更加公正的事业单位养老保险制度，促进各类人员的养老保险制度更加公平、更可持续的发展。因此，本书虽然以事业单位为着眼点，但不仅仅局限于事业单位，而是涵盖到机关事业单位，探讨机关事业单位人员养老保险制度改革问题。

目　　录

第一章　绪　论

中国城镇职工养老保险制度改革肇始于 20 世纪 90 年代：企业职工实行统账结合的制度框架，机关及事业单位进行试点改革。21 世纪初，城镇职工养老金改革不同步、养老金双轨制乃至多轨制所引发的经济社会矛盾"日益尖锐"①，成为深化养老保险制度改革的羁绊。社会各界普遍要求加快养老金双轨制以及多轨制的改革，建设更加公平更可持续的养老保险制度体系，中央为此在全国部分省市进行事业单位养老保险制度的改革试点。总体上看，各试点省份在改革过程中出台了许多举措，形成了具有地方特色的经验与做法，但是也存在着一些亟须加以解决的问题，其中一些带有全局性的问题需要我们进行包括事业单位在内的整个养老保险制度的顶层设计，形成更加公平更可持续的养老保险制度框架体系。为此，本书在对全国部分试点省份调研的基础上，分析这些地方事业单位养老保险制度的改革实践，反思并重新构建事业单位养老保险制度建设的理论基础与理论内容，形成事业单位养老保险制度改革的顶层设计方案与政策建议，努力推进事业单位养老保险制度更加公平更可持续的发展。

---

① 我国城镇职工养老制度究竟是双轨制还是多轨制，学术界一直有不同的说法。参见朱玲《三方面改革整合多轨制养老保障体系》，《经济参考报》2014 年 4 月 18 日。

一　选题背景

"家家有老人，人人都会老"，养老是我们这个时代面临的共同话题，也是人类永恒的主题。为了解决养老问题，现代国家纷纷建立起各种形式的养老保险制度，它成为社会保险体系的核心。从养老保险制度覆盖的群体来看，养老保险要实现制度全覆盖以及人员全覆盖，就必须要把事业单位养老保险制度当成整个养老保险体系的重要一环，它既与公务员退休养老制度紧密联系，也受到企业职工基本养老保险制度乃至城乡居民养老保险制度的影响。

新中国成立以后，受制于特殊的国内国际环境，中央政府借鉴苏联的国家养老保障制度的建设经验，结合解放区曾经实行的供给制做法，我们在城镇职工中实行了工资低、就业率高、福利项目全的退休养老办法，各级政府承担了本地区机关、事业单位及国有企业职工的退休养老问题。1955 年，中央政府颁发了《国家机关工作人员退休处理暂行办法》，该办法的实施意味着机关事业单位与企业职工从此实行不同的退休养老制度。然而，1958 年国家颁布的《关于工人、职员退休处理暂行规定实施细则》，又将企业职工和机关事业单位人员的退休办法加以合并与统一。"文革"期间，整个养老保险制度得不到很好的执行，企业职工退休费用的社会统筹部分被取消，养老保险费无人征集，退休人员的养老保险金无处领取，养老保险制度的建设处于停滞状态。

改革开放之初，各行各业百废待兴。一批老同志"由于年龄和身体关系不能继续坚持正常工作"，他们的退休养老问题在"文革"期间没有得到很好的解决，严重影响他们的退休生活。为此，国务院出台《关于安置老弱病残干部的暂行办法》，对机关事业单位人员退休条件、待遇水平做出专门规定：机关工作人员在职期间不用缴纳任何养老费用，退休后的待遇按照工作年限及行政级别由人事部门审批核定，事业单位人员的退休养老制度一并"参公"执行。根据这个办法，事业单位人员与机关工作人员由此就形成一个相对独立的阶层，执行着与企业职工完全不同的退休养老制度。

20 世纪 80 年代中后期，发展社会主义商品经济、探索建立社会主义市场经济体制，进而增强企业活力与竞争力，内在地需要加快改革城镇企业职工养老保险制度，完善机关事业单位养老保险制度，建立灵活就业人员以及农民工等群体的养老保险制度。经过 30 多年的改革，中国逐步建立起以个人职业身份为主的养老保险制度，但是在制度设计、参保对象、缴费标准、待遇获得等方面呈现出较大的不同，使得不同职业群体的养老金计发办法不同，他们的养老金收入差距日益扩大。资料显示，从 1990 年到 2006 年，我国企业、事业以及机关三类单位群体的退休待遇比从 1∶1.10∶1.06 扩大为 1∶1.69∶1.82，这种扩大的趋势还将持续下去。有数据显示，2010—2012 年，福建省企业职工与机关事业单位人员退休养老金待遇比分别为 1∶1.79、1∶2.03 以及 1∶1.81①。据中国社会科学院 2011 年在河南、福建等地的调研显示，养老金收入最高与最低差距已经高达 50 倍以上②，养老保险制度双轨制乃至多轨制引发的退休养老金收入差距扩大的矛盾日益尖锐，养老金收入差距过大引起了社会各界的普遍关注，加快包括事业单位在内的养老保险制度改革，使得不同群体之间的养老金收入更加公平、更可持续就成为社会各界关注的共同话题与普遍心声。

---

① 资料来源：根据《福建省统计年鉴》2011、2012、2013 年计算而来。

② 王延中：《中国社会保障收入再分配状况调查》，社会科学文献出版社 2013 年版，第 197 页。

　　针对这些问题，国家人事部于 1992 年颁发了《关于机关、事业单位养老保险制度改革有关问题的通知》，选择山西、江苏、福建、海南等 13 个省份的部分地（市）进行机关事业单位养老保险制度的改革试点，以便积累经验向全国推广。然而，由于官本位思想的长期存在、其他配套改革措施的不到位，机关事业单位养老保险制度的改革往往被贴上"降低待遇"的标签，因而遭到利益相关者的反对。2006 年，中央《关于构建社会主义和谐社会若干重大问题的决定》从"保障社会公平正义"的高度提出要"加快机关事业单位养老保险制度改革"。党的十七大进一步明确"促进企业、机关、事业单位基本养老保险制度改革"。2008 年，国务院选择山西、上海、浙江、广东、重庆等 5 省市试点《事业单位工作人员养老保险制度改革试点方案》，引起社会各界的普遍关注。

　　为了推进事业单位养老保险制度的改革，2012 年国务院又出台了《分类推进事业单位改革的指导意见》，党的十八大及十八届三中全会再次提出要"改革和完善企业和机关事业单位社会保险制度""推进机关事业单位养老保险制度改革"。2015 年，国务院印发了《关于机关事业单位工作人员养老保险制度改革的决定》，明确了事业单位养老保险制度的改革目标及基本原则，改革的范围与制度架构、养老金计发办法等，试图全面推行事业单位养老保险制度的改革。然而，这几年来举步维艰的改革试点及政策实践表明，事业单位养老保险制度设计仍然存在着许多不尽合理之处，难以得到包括事业单位人员在内的社会各界普遍认同与支持，有的省份因为推行改革试点引发了"提前退休潮"①。这意味着，事业单位养老保险制度的改革更需要在凝聚民意、获

---

　　① 《担心改革后养老金会降，事业单位有人想提前退休》，《新华每日电讯》2009 年 2 月 22 日第 5 版。

得民众普遍支持的基础上进行顶层设计，妥善处理好各参保群体之间的待遇差距问题，形成广为各阶层所认同的制度设计与制度安排。

二　文献研究综述

西方国家没有专门的"事业单位"名词，也没有这类行政性机构称谓①，自然也就不需要为这类人员单独设置养老保险制度。当然，我国的事业单位相当于国外的"public service institution"或"public sector"，事业单位人员大部分属于"公职人员"范畴，对应的单词主要有"government worker"或"public worker"或"public server"等词汇。国外学者对于公职人员养老保险问题进行了探索，这些探索能够为中国事业单位养老保险制度的改革与完善提供思路。

1. 国外的研究

现代意义上的养老保险制度始于19世纪晚期的西方发达国家，他们关于公职人员养老保险制度的设计并不存在一个统一的制度模式。据国际社会保障协会（ISSA）统计，全球172个建立养老保险制度的国家和地区中已有78个国家出台了公职人员养老保险法律法规②。从模式上看，有的采取"独立的、非累积"模式，如巴西、法国、德国等；有的实行"独立的、部分累积或完全累积"模式，如新加坡、韩国、印度、西班牙等；还有的采取"全国统一的基本养老保险与自愿补充养老保险"模式，如英国、北欧国家、日本、加拿大以及美国（部分州）；也有的实行

---

① 朱庆芳等：《现代事业人事管理》，中国人事出版社1997年版，第2页。

② ［美］达尔默·霍斯金斯：《21世纪初的社会保障》，侯宝琴译，中国劳动社会保障出版社2004年版，第83页。

"全国统一的基本养老保险与强制性的补充养老保险相结合"模式，如阿根廷、智利等①。

这意味着，国外业已形成相对成型的公职人员养老保险模式与制度框架体系，他们的养老保险制度面临的突出问题在于如何缓解"财政支付压力"、促进养老金支付可持续，进而实现养老保险制度的可持续。因此，他们的研究还包括公职人员（government worker）养老保险制度的运行及实施效果等方面的评估与改进策略②。具体包括以下几个方面。

在公职人员养老金制度国际比较方面，Robert Palacios 和 Edward Whitehouse 比较了各国公务员（civil-service）养老金计划的支出、收益与待遇水平③，发现大多数国家公务员的平均退休年龄要比普通职员平均退休年龄低，但公务人员的工龄却往往比普通职员高，因为公务人员大多数有入职年龄上限的要求。根据 2004 年的数据显示，17 个 OECD 国家中有 12 个国家的公务人员养老金替代率最大值比国民养老金替代率高，各国公务人员的养老金替代率最大平均值为 75%，而国民计划平均值约为 63%。多数公务人员养老金替代率最大值在 60%—80% 之间，超过 90% 的只有 2 个国家。研究还发现，不论是欧盟国家还是其他发展中国家，公共部门养老金待遇普遍比私人部门好，有些国家两种部门的收益率差距能够达到 20%。由此可见，在制度设计上，国外存在着公务人员养老金待遇高于企业职工现

① V. Carvalho Pinheiro, *Pension Funds for Government Workers in OECD Countries*, 2004, p. 3.

② R. Palacios and E. Whitehouse, *Civil-service pension schemes around the world*, World Bank Social Protection Discussion Pape, 2006, pp. 73 – 75.

③ 该文的公务员在概念界定上其实是指公共部门雇员，包括了政府雇员和其他公共部门（如军事、教育、国有企业等）雇员，但作者后面又强调由于各国的公共部门雇员包含人群不同，养老金计划覆盖人群的分类方式也不同，因此该文侧重于比较分析政府雇员（尤其是联邦政府级别的政府雇员）的养老金计划。

象。对此，他们认为，公务人员比私人部门雇员的养老金丰厚，主要是为了保证他们的独立性，确保公务员这一工作更有吸引力。① 应当看到，国外公共部门与私人部门的养老金待遇差距并没有我国这么大，并且一些国家还有私人雇主养老金计划对国民计划进行补充，有些国家的企业职工养老金待遇可能比公务人员还要好一些。

在同一国家公共部门与私人部门养老金比较方面，Richard H. Mattoon 提到，公共部门的高福利经常被认为是一种对工资的补偿，这对于公共部门吸引和留住人才十分必要。他认为，由于公私部门收入的数据主要来自政府的调查，而政府在计算公共部门薪酬时总是不去考虑非货币薪酬和福利，因此，人们在比较公私部门收入时往往会设立虚拟变量以便比较个人在不同部门之间是否存在收入差异。② Ronald G. Ehrenberg 与 Joshua L. Schwarz 的研究表明，美国联邦政府雇员的养老金收益高于私人部门雇员，这种收入差距在级别越低的政府与私人部门之间越小。因此，地方政府部门与私人部门的收入差距最小，这可能是因为地方政府的工资增长更加透明，更容易被纳税人监督。③ McDonnell 与 Salisbury 认为，劳动力构成及职业差别会导致工资的差距，其中，州和地方公共部门雇员每小时工作收入高于私人部门收入的46%。这是由于这些部门的职位多为教师、警察、消防员等，他们要么需要很高的教育水平以及投入更多的人力资本，要么有很

---

① Palacios R. & Whitehouse E. , *Civil-service pension schemes around the world*，World Bank Social Protection Discussion Paper，2006，602.

② Mattoon R. H. , *Issues facing state and local government pensions*，Economic Perspectives，2007，31（3）.

③ Ehrenberg R. G. & Schwarz J. L. , *Public sector labor markets*，Handbook of Labor Economics，1986（2）.

高的风险，因而需要比私人部门更高的收入作为补偿。[①] 此外，公共部门雇员的工作年限更长，这也是公共部门雇员高福利待遇的另一种解释，Craig Copeland 的研究发现，2004 年美国公共部门雇员有 80% 的平均任期高于私人部门。从 1983—2004 年，工作时间超过 25 年的工作者更多地来自公共部门。[②]

值得注意的是，在美国州与地方公共部门雇员中，总薪酬最高的是各类教师[③]，人数占了州与地方公共部门总人数的 30% 左右，每小时为 47.35 美元，其次是职业经理人和专业技术人员，每小时总薪酬平均也在 42 美元以上，这三类人员占了州与地方公共部门雇员的 50% 以上；相较之下，人数占 40% 以上的行政服务类人员薪酬水平仅为教师的一半左右。[④] 因此，有学者研究过养老金福利是否会导致人们选择教师这个职业，发现很多教师在就职时其实并不清楚自己将获得怎样的养老金待遇，有些人甚至不知道自己是被某项福利计划覆盖的。Kimball Steven M.、Herbert G. Heneman 和 Eileen M. Kellor 的研究表明，教师们选择岗位考虑更多的其实是地理位置等因素，养老金待遇并不是影响他们选择岗位的一个关键变量。[⑤] 这与中国大陆地区的养老金结构不同，中国教师相当长的一段时期内属于事业单位，他们的平均养老金待遇低于公务员。

究竟是采取 DB 制还是 DC 制是养老金领域一个经常引起争

[①] McDonnell K. J. & Salisbury D., *Benefit cost comparisons between state and local governments and private sector employers*, Public Personnel Management, 2005, 34（4）.

[②] Copeland C., *Employee tenure：Stable overall，but male and female trends differ*, EBRI Notes, 2005, 26（3）.

[③] 总薪酬包括工资和各种福利，比如带薪休假、补充报酬、保险、退休金与储蓄、法定福利以及一些其他福利。

[④] 参见 Mattoon R. H., *Issues facing state and local government pensions*, Economic Perspectives, 2007, 31（3）。

[⑤] Kimball S. M., H. G. Heneman, E. M. Kellor, "Can Pensions Help Attract Teachers?", *Journal of Education Finance*, 2005, 30（4）.

议的话题①。F. 莫迪利亚尼、A. 莫拉利达尔通过对西班牙、美国、智利等国的养老金改革进行了评估，提出整个养老金应该从 DB 制向 DC 制转变。② 因为根据 Alicia H. Munnell、Kelly Haverstick 和 Mauricio Soto 等人的研究，1975 年美国 88% 的私人部门以及 98% 的公共部门主要采取 DB 制，到了 2005 年，只有 33% 的私人部门仍然采取 DB 制，近 67% 采用了 DC 制，当然，92% 的公共部门仍然采取 DB 制③。私人部门的这种转型主要是因为 DB 式养老模式要求雇主承担养老金投资及被保险人预期寿命增加的风险，因此一旦转化为 DC 制，则将这种风险转嫁到雇员身上。吉尔茨和帕伯克等人运用美国部分州立公共养老金面板数据作了回归分析，详细论证了 DB 与 DC 计划的差异④，进而证明不同部门为何选择不同的养老金计划。当然，按照罗伯特·霍尔茨曼等人的看法，无论采取 DB 制还是 DC 制，"多支柱"应该成为养老金制度的关键点，它包括提供最低保障水平的"非缴费养老金或零支柱"（如国民养老金），以缴费为主、与本人收入水平挂钩的"第一支柱"，以个人储蓄账户为主的"第二支柱"，自愿性质的"第三支柱"，以及为家庭成员提供经济或非经济方面援助的"第四支柱"。在他们看来，养老金制度"应有尽可能多的支柱组成"，以便保证退休人员的收入水平。至于支柱的具体数量及构成主要"取决于各个国家的具体情况"⑤。

① DB 制是指"待遇确定型现收现付制"，DC 制则是指"以收定支型完全积累制"。
② ［美］F. 莫迪利亚尼、［美］A. 莫拉利达尔：《养老金改革反思》，孙亚南译，中国人民大学出版社 2010 年版。
③ A. H. Munnell, K. Haverstick & M. Soto, *Why have defined benefit plans survived in the public sector*, State and Local Pension Plans Brief, 2007（2）.
④ Glertz and Papke, "Public Pension Plans: Myths and Realities for State Budgets", *National Tax Journal*, Vol. LX, No. 2, 2007.
⑤ ［英］罗伯特·霍尔茨曼、［英］理查德·欣茨：《21 世纪的老年收入保障：养老金制度改革国际比较》，郑秉文译，中国劳动社会保障出版社 2006 年版。

　　有些学者比较了同一国家不同地区公共部门养老金计划的运行，Munnell、Haverstick 等人采取多元线性回归分析了美国 109个州与 17 个地方性养老计划，发现计划规模与基金积累状况关系显著，资金约束、治理、计划特点和政府财政状况会影响养老金积累水平[①]，计划投资、年度计划（Annual Required Contribution）的落实对资金状况有正向影响；在独立投资委员会治理下，计划资金积累良好，规模大的计划通常状况良好；而州财政状况对养老金计划有着显著的影响，一个标准单位的财政负债比可以给当地公共养老金计划带来 3.6% 的负面影响[②]。从不同的公共部门养老金计划的比较中可以看到，美国州与地方政府的养老金存在着区域差异，经济和财政状况好的州养老金运行得好，而有的州就出现养老金积累不足，这个不足将转嫁到未来的纳税人身上。

　　此外，美国的养老金计划虽然已经相对成熟，但是也存在需要进一步探索的问题。Mattoon 认为，当政府面临养老金债务危机时，只有通过提高税收或者削减其他计划支出来解决这一问题。从长远来看，决策者需要以经济增长为基础改革养老金计划结构，借鉴瑞典的名义账户经验，尽量推广 DC 式养老金模式并让受益人承担更多风险[③]。Munnell 和 Soto 也提到，虽然公共部门养老金计划要比私人部门的效益好，但公共部门在投资上也存在无法满足未来长期福利待遇支付的问题。如果投资回报率降低、通胀加剧、人口结构改变等问题出现，公共部门就需要寻找新的

---

　　① 美国有的州的公共部门实行了很多种养老金计划，因而出现 100 多种州立公共部门养老金计划。

　　② Munnell A. H., Haverstick K. & Aubry J. P., *Why does Funding Status Vary Among State and Local Plans?*, Center for Retirement Research at Boston College, 2008.

　　③ Mattoon R. H., "Issues facing state and local government pensions", *Economic Perspectives*, 2007, 31 (3).

项目解决养老金支付不足问题。①

总体上看，国外学者对于养老金所做的精细化研究为我们进行养老保险制度改革提供了全新思路。但是，有些研究站在新自由主义立场，坚守市场至上原则，把公共部门养老金计划中所出现的问题归结为公共部门的低效率、现收现付制所带来的高税率，认为私有化是克服养老金运营效率低下、提升养老金管理水平的关键②，而没有看到以私有化为核心的新自由主义本身所固有的内在矛盾性。加上这些国家的公、私部门养老金待遇差距不是十分明显，甚至名义上的私人部门养老金待遇还高于公共部门，因而他们的改革侧重点与我国明显不同。另外，这些国家没有专门的事业单位，也就没有设立专门的事业单位养老保险制度，他们对养老金计划的改革对于我国事业单位养老保险制度只具有建议性。

2. 国内文献综述

近年来，社会各界之所以呼吁改革机关事业单位养老保险制度，很大程度上就是因为我国现行的各种养老保险制度在缴费标准、待遇支付及调整机制方面存在着双轨制乃至多轨制。其中，事业单位人员的退休养老制度"参公"执行。2008 年、2012 年国家推出的"事业单位工作人员养老保险制度改革试点方案"，引起了社会各界的广泛关注，2015 年国务院颁发的《关于机关事业单位工作人员养老保险制度改革的决定》进一步明确了改革方向。学术界围绕这个问题进行了许多研究，主要体现在五个方面：

---

① Munnell A. H. & Soto M. , *State and local pensions are different from private plans*, Center for Retirement Research at Boston College, 2007.

② ［美］卡特、［美］希普曼：《信守诺言：美国养老社会保险制度改革思路》，李珍等译，中国劳动社会保障出版社 2003 年版。

一是事业单位分类改革研究。何谓"事业单位"？从工作单位、工作性质以及工作内容来划分可以得出不同的结论，形成不同的判断，因而这是需要进一步讨论并加以明晰的问题。研究事业单位养老保险制度改革首先要思考究竟什么样的人、从事何种工作的人才是真正的事业单位人员。也有一些学者认为，如果事业单位分类改革不彻底，那么必将导致事业单位养老保险制度改革的不顺畅。这显然是站在"减负"立场上探讨事业单位养老保险制度改革。

从历史上看，"事业单位"这个概念最早出现在 1952 年政务院《关于实行公费医疗预防的指示》中，要求"事业单位的国家工作人员和革命残废军人，得享受公费医疗预防的待遇"。1958年，劳动部把"由国家预算的事业费开支的农业、林业、水利、地质、气象、测绘、文化、教育、卫生、科学研究等单位"界定为"事业单位"①，2005 年明确为"为了社会公益目的，由国家机关举办或者其他组织利用国有资产举办的，从事教育、科研、文化、卫生、体育、新闻出版、广播电视、社会福利、救助减灾、统计调查、技术推广与实验、公用设施管理、物资仓储、监测、勘探与勘察、测绘、检验检测与鉴定、法律服务、资源管理事务、质量技术监督事务、知识产权事务、公证与认证、信息与咨询、人才交流、就业服务、机关后勤服务等活动的社会服务组织"②。这表明，我国事业单位种类很多，事业单位人员构成情况比较复杂。学者们认为，必须对现行的事业单位加以"分类"，这是进行事业单位人员养老保险制度改革的"前提"③。

---

① 参见国务院《关于工人、职员退休处理暂行规定实施细则（草案）》，1958 年。
② 参见国家事业单位等级管理局《事业单位登记管理暂行条例实施细则》，2005 年。
③ 姜爱林：《论事业单位分类改革的必要性实践模式及其未来选择》，《学术动态》2010 年第 1 期。

成思危等人从公益性与社会性两个维度将事业单位划分为"官办纯公益性事业单位""官办准公益性事业单位""民办纯公益性事业单位"以及"民办准公益性事业单位"四种类型①，而那些享受事业单位待遇的营利性组织完全可以进行企业化改制。左然认为，事业单位除了一部分被西方社会所称谓的"非政府组织"之外，还有一部分与政府部门功能重叠的"法人组织"，涉及"行政类""公益类"及"经营类"等事业单位②。李春林等人根据部分试点城市的改革方案将事业单位划分为"行使行政职能""从事公益活动"以及"从事生产经营活动"三类单位③。郑秉文认为，应该将事业单位划分为"资源不宜由市场配置"且"涉及经济社会安全""资源可部分市场配置并面向社会提供基本公益服务"以及"可基本实现由市场配置资源"三种类型④。这些划分实际上隐含着一个前提：事业单位养老保险制度不是不可以改革，而是要剔除具有营利性的社会组织，将这类组织推向市场，走企业化道路，并入到企业职工养老保险制度。剩下来的那些非营利性的事业单位养老保险制度如何改革则需要进一步探讨。

二是事业单位养老保险分类改革研究。既然事业单位具有不同的属性与类型，那么，事业单位养老保险制度的改革也应该区别对待、分类进行。有学者认为，有些事业单位人员可以与公务员的养老制度进行"联动改革"，而有的则可以与企业职工养老

---

① 成思危：《中国事业单位改革——模式选择与分类指导》，民主与建设出版社2000年版，第18—20页。

② 左然：《中国现代事业制度建构纲要——事业单位改革的方向、目标模式及路径选择》，商务印书馆2009年版，第73—81页。

③ 李春林等：《事业单位分类改革中面临的深层次问题及其启示——来自鄂尔多斯市和包头市事业单位分类改革的调研报告》，《中国行政管理》2008年第8期。

④ 郑秉文：《事业单位养老金改革路在何方》，《河北经贸大学学报》2009年第5期。

保险制度实行"联动改革"。具体来说，行政类和公益服务类事业单位应该与机关人员的养老金制度并轨，而生产经营类的事业单位人员应该参加企业职工基本养老保险制度[1]。

改革实际上就是相关利益的重新调整，这样的改革必然遭到利益损害者的反对。为了解决这个难题，有些学者认为，为了最大限度地减少矛盾，政府可以从新入职的"新人"开始改革，"老人"和"中人"继续采取原来的退休养老制度[2]。实际上，分类改革只是减少改革阻力、降低改革成本、保证改革顺利进行的一种手段，它并没有从根本上解决现行的养老保险制度碎片化、养老保险待遇差距扩大化、养老保险制度公平性不足以及财政负担压力日益增大等问题。而且，简单地将经营类事业单位人员划归到企业职工养老保险制度将降低这部分人员的养老金待遇，必将遭到这部分人员的反对。另外，事业单位内部本身十分复杂。例如，在同一所高校任教的教师，有的属于"在编全职人员"，有的属于"全聘人员"，还有的则是"全时制人员"。这意味着，事业单位究竟要不要进行分类改革以及分类改革需要何种条件存在着很大的讨论空间。由于人们倾向于将事业单位定义为政府举办、不以营利为目的的社会组织，因而它与西方语境下的非政府组织或非营利性组织有着本质上的区别，更多地类似于发达国家的公职人员。因此，我认为，事业单位应该是在财政支持下、由政府举办，为履行特定社会职能或实现特定社会目标而设置的不以营利为目的的社会组织。这类人员应该与其他公职人员的养老保险制度改革加以统筹考虑，也应该与企业职工养老保险制度加以统筹考虑，而不能简单地采取分类改革方法，除非机

---

① 程恩富、黄娟：《机关、事业和企业联动的"新养老策论"》，《财经研究》2010 年第 11 期。

② 文太林：《事业单位养老保险的现状和前景》，《现代经济探讨》2012 年第 7 期。

关、事业及企业三类人员的养老金待遇差距不大，否则分类改革其养老保险制度并不具有合理性，更不能解决现行的养老保险制度所存在的公平性不足问题。

三是事业单位养老保险制度的变革情况研究。早在 20 世纪 50 年代，人们就开始关注事业单位人员退休养老问题①。改革开放以后，一些学者认为，我国全民所有制单位职工基本上实行两套退休制度，其中，机关事业单位人员不按照《劳动保险条例》建立养老金，而是实行"原供给制基础上演变而来"的社会保险制度②。改革开放以后，刘金章的研究发现，事业单位职工的养老保险办法存在着一些不合理的地方，如"个人不交费""享受养老待遇的工龄条件低""离休与退休养老待遇差距过大"等③，这些不合理之处必须要加以改革。问题就在于，如果改革缺乏必要的价值基础，缺乏必要的价值目标，尤其缺乏必要的养老金待遇整合，那么这样的改革显然是仓促而盲目的，因而是一种没有抓住养老保险制度本性的改革。

20 世纪 90 年代起，针对机关事业单位人员、企业职工等养老保险制度在实施过程中产生的待遇差距过大等问题，一些地方在中央政府的部署下对本地事业单位养老保险制度进行了改革探索。但是，各地实施的事业单位养老保险改革方案"差异性较大"④，各地"统筹范围、统筹层次、缴费比例"等改革方案

---

① 何凤昌：《拥护国务院关于工人、职员退休处理的暂行规定草案》，《中国劳动》1957 年第 24 期。

② 冯慧娟：《我国退休职工队伍的变化和退休制度的沿革》，《中国劳动科学》1986 年第 9 期。

③ 刘金章：《我国养老保险发展战略初探》，《天津财经学院学报》1988 年第 2 期。

④ 参见华迎放《对事业单位养老保险制度改革的思考》，《中国劳动保障》2006 年第 11 期；陈宗利《机关事业单位养老保险制度改革探析》，《经济师》2006 年第 8 期。

"不统一"①，事业单位养老保险制度仍处于"半原生态状态"②。郑秉文的研究发现，山西、上海等五省市的事业单位人员养老保险制度改革试点进展不大，还处于"分类"和"测算"阶段③，事业单位改革方案没有很好地解决"平稳衔接"这个深层次问题，即没有统筹解决好事业单位人员与公务员及城镇企业职工等各类群体基本养老保险制度相互关系问题④。谭中和的研究发现，企业和机关事业单位退休人员养老金待遇"总体差距过大"，退休人员养老金待遇调整机制"不正常"，退休人员与在职职工待遇"倒挂""各地调整政策不统一""不平衡"，在一定程度上引发了地区之间养老金的"福利竞赛"倾向⑤。唐钧则提出了新的看法，认为包括事业单位人员在内的整个养老保险制度改革中养老金待遇其实是次要的问题，更主要的问题就在于这种改革对各类群体"安全"与"自尊"等心理需要的影响⑥。我们认为，应该立足当代中国各类人员的养老保险制度及其养老金待遇差异的角度去全面分析包括事业单位人员在内的各类人员的养老金制度深化改革问题，以便把机关、事业单位人员养老金制度作为一个整体"统一起来""同步进行"改革⑦，人为地将两者割裂开来、

---

① 参见姜爱林《论事业单位养老保险制度改革的基本状况、制约因素与破解对策》，《宁夏社会科学》2010 年第 3 期；庄序莹等《转轨时期事业单位养老保险运行模式研究》，《财经研究》2008 年第 8 期。

② 余仲华：《事业单位养老保险改革基本评述》，《劳动保障世界》2011 年第 6 期。

③ 郑秉文：《事业单位养老金改革路在何方》，《河北经贸大学学报》2009 年第 5 期。

④ 桂世勋：《改革我国事业单位职工养老保险制度的思考》，《华东师范大学学报》2010 年第 3 期。

⑤ 谭中和：《统筹建立企业和机关事业单位退休人员养老金正常调整机制》，《当代经济管理》2014 年第 6 期。

⑥ 唐钧：《事业单位养老金改革须三思而行谋定而动》，《南方都市报》2009 年 2 月 1 日。

⑦ 高和荣：《论整合型社会保障制度》，《上海行政学院学报》2013 年第 2 期。

采取甩包袱的方式"难以保证改革成效"①，忽视养老金待遇差距过大问题也没有看到这个制度的矛盾所在。

四是事业单位养老保险改革制度选择研究。制度设计是事业单位养老保险制度改革的核心，它关乎到这个制度所蕴含的养老金待遇以及背后的价值基础问题。一些学者认为，我国现行的统账结合养老金制度本身就存在问题，个人账户部分实行基金积累制，个人要承担基金投资风险和通胀风险，而社会统筹部分并没有真正统筹起来。这些问题并不会由于机关事业单位的进入而消失，反而会被进一步放大，因而不宜像企业那样推行"以缴费为核心的统账结合的养老保险制度改革"②。因为教师及医生等岗位需要更长时间的人力资本投入，如果简单地将这类职工养老金向企业方向并轨，他们会因为缴费年限较短而只能领取较低的养老金，这就产生了新的不公平，诱发试点地区出现大规模的教师、医生提前退休，造成事业单位人才的大量流失。其实，机关事业单位职工退休后较高的养老金替代率正是对这类群体长期接受教育而无法取得工资性收入的补偿。有学者利用我国 2004 年数据、按人力资本投入情况进行了排序，结果表明，19 种行业中，人力资本投入上排序第 1 位的是教育，而它的平均工资仅排第 12 位，如果只看工资水平还不如采矿业（工资排序第 11 位，人力资本投入排序第 18 位）。如果把养老金考虑进来，教育行业才可以排到中等收入水平（第 8 位）。③ 显然，将事业单位的养

---

① 葛延风等：《中国机关事业单位养老金制度改革研究》，外文出版社 2003 年版，第 17 页。

② 刘钧：《事业单位养老保险改革述评》，《中国人口资源与环境》2011 年第 1 期。

③ 参见王晓军、乔杨《我国企业与机关事业单位职工养老待遇差距分析》，《统计研究》2007 年第 5 期。虽然该文作者在文章最后提出机关事业单位应当纳入国家统一的基本养老保险制度，但仍坚持机关事业单位养老待遇应高于企业，而该文关于人力资本投入的论证也被不支持"并轨"的学者用来佐证自己的观点。

老金简单地与企业职工并轨有悖公平。

　　一些学者甚至担心，简单地让事业单位人员开始缴费，意味着财政对其养老金支付义务的解放。而养老基金要承担这一部分"新人"的养老金支付并弥补之前他们没有缴费的部分，结果是"并轨后企业职工的养老金待遇可能被拉低"①，这种担心其实是没有太多的必要。王延中等人通过比较国外的养老金制度安排，认为中国机关事业单位在制度模式上"应该与企业职工养老保险制度既相互统一，又有所区别"②，建立一种完全积累、中央集中管理、缴费确定型的主权养老基金，来取代当前的"国家保险型"养老金制度，通过公共部门投资运营获取较高的投资回报率。换言之，由于主权养老金所属不同，实际上只是在机关事业单位之间实现了养老风险共担，而企业职工和其他参保人员之间实现了风险共担。③问题就在于，如果这类人员的缴费不进入社会统筹，那么缴费的意义与价值何在？抗击社会风险的功能何在？是不是演变成另外一种形式的职业特权？某种程度看，这种改革方案仍然没有解决好养老保险制度的碎片化以及所形成的公平性不足问题。

　　近年来，从"碎片化"角度论证养老金多轨制的危害，从而证明养老金并轨的必要性日渐高涨。葛延风认为，我国职工养老保险制度存在覆盖率低、持续性差、管理不简便等问题，机关事业单位养老保险制度改革是完善中国社会保障制度的重要一步。④

---

　　① 参见《养老金并轨老百姓更亏，先天身份注定改革艰巨》，http://www.qianzhan.com/indynews/detail/150/131115－68636fe6＿2.html。
　　② 王延中、龙玉其：《国外公职人员养老保险制度比较分析与改革借鉴》，《国外社会科学》2009年第3期。
　　③ 唐俊：《建立主权养老基金：另辟机关事业单位养老保险改革之蹊径》，《社会保障研究》2010年第3期。
　　④ 参见葛延风《问题与对策：中国社保制度改革》，《中国行政管理》2003年第9期。

林东海发现，养老金并轨"可以把社会理性（公平）和经济理性（可持续）"互相融合起来，成为促成改革的政治动力。① 郑秉文反复强调，碎片化的社会保险制度不适应中国的现实和国情，多种退休制度必然引起相互攀比，改革必然遭到反对，时间越久，各类人员的养老金待遇差距越大，福利刚性越大，改革就越困难，甚至"引发社会动荡"②。蔡向东、蒲新微认为，由于事业单位包办退休养老，员工不必缴费，个人自我保障意识淡薄，社会化程度低，难以应对人口老龄化，改革势在必行。③ 李真男建议"统一机关事业单位和企业养老保险规则，取消缴费下限设置，在养老金发放规则上更进一步地体现平等性"④。总体上看，围绕养老金制度并轨设计可以归结为以下三种代表性观点：

第一种观点认为要建立统一的基本养老保险制度，将机关事业单位纳入统一的社会养老保障体系之中，它由基本养老保险与非基本养老保险两部分组成，其中基本养老保险具有统一性与强制性。"统一"就是养老保险制度要完全"并轨"，机关事业单位职工也要按照企业职工缴费水平缴费，建立个人账户并参与社会统筹，并且企业、机关事业单位同级别岗位养老金替代率应该保持一致；"强制"则说明了基本养老保险的合法性，由一种制度进化为一种公民义务，统筹层次应达到省级或以上⑤。这次改革不能

---

① 林东海：《突破公务员养老改革困境：政策分析的视角——近年公务员养老改革国际趋势对中国的借鉴》，《中国软科学》2011 年第 5 期。

② 郑秉文：《事业单位养老金改革路在何方》，《河北经贸大学学报》2009 年第 5 期。

③ 蔡向东、蒲新微：《事业单位养老保险制度改革方案刍议》，《当代经济研究》2009 年第 8 期。

④ 李真男：《社会分层、收入差异和机关事业单位养老保险的可能取向》，《改革》2013 年第 2 期。

⑤ 程恩富、黄娟：《机关、事业和企业联动的"新养老策论"》，《财经研究》2010 年第 11 期。

形成"新的二元制度结构"①，最终形成事业单位人员与公务员、企业职工相互统筹的养老保险制度②。这种"一统型"改革方案虽然可以很好地解决现行养老保险制度公平性不足问题，但是却没有论证机关事业单位人员为什么非得纳入到企业职工社会养老保险制度之中，尤其在企业职工社会养老保险制度本身还存在着诸多缺陷情况下，简单地合并、简单地统一，其科学依据何在？

第二种观点强调要采取"混合型"制度。如果统一的养老保险制度难以实现，那么实行混合养老保险制度就成了一个绕不开的话题。有学者认为，混合包括"名义账户与现行统账结合"的混合，"个人与单位缴费统统划入个人账户"的混合，参保人职业生涯中的 DC 型（缴费确定型）融资方式与退休后兑换成 DB 型（待遇确定型）终生退休金的混合，个人账户中"做实部分"与"虚拟部分"的混合，全体参保人的"身份混合"、城乡养老保险的"制度混合"等③。但是，混合的基础、依据及标准如何划定，混合的比例等关系如何确定，混合后究竟能否解决养老保险制度公平性不足问题值得检验与期待。

第三种观点是建立年金制度，用职业年金作为事业单位人员的补充养老保险。很多学者把事业单位养老保险制度改革举步维艰归结为改革后他们的养老金待遇将会下降，因而遭到事业单位人员的反对。他们认为，如果有一种替代性制度能够保证这类人员的养老金待遇不至于过度降低，那么事业单位人员的养老保险制度改革将会进行下去。所以，职业年金制度就是一个保障这类人员待遇不降低的制度安排。学者们进一步提出要将个人账户与年金合并，建立机关事业单位与企业统一的、

---

① 葛延风：《建设统一的养老保险制度》，《瞭望新闻周刊》2006 年 5 月 29 日。
② 高和荣：《论整合型社会保障制度》，《上海行政学院学报》2013 年第 2 期。
③ 郑秉文：《中国社保名义账户改革新思路——混合型统账结合》，中国劳动社会保障出版社 2009 年版，第 615 页。

强制的年金制度①。郑秉文建议机关事业单位职工个人和单位均需按 4% 缴费，其中"单位缴费"来自财政补贴。② 苏明等人强调职业年金可以采取单位或个人强制缴费形式，缴费率不超过 8%。③ 而 2015 年的改革办法则达到 12%。

五是事业单位养老保险改革成本解决研究。郑秉文认为，事业单位人员养老保险制度改革要"从新入职的人员开始"，逐步把他们纳入到全国统一的基本养老保险制度中去。改革后的事业单位养老保险替代率应该从现行的 80%—90% 下降到 50% 左右④。姜爱林认为，政府不宜提供较高的养老保险待遇，它应当提供最低限度的、体现社会共济功能的基本养老保险，其替代率大约在 20%—30% 之间，其余部分可以通过补充养老保险来获得，两者相加总的替代率不超过 70%⑤。有学者研究发现，一个工作 30 年以上的事业单位员工其养老金（体现补偿）对退休前缴费工资（体现贡献）的目标替代率应当达到 80%⑥，这就需要对事业单位人员建立多支柱养老保险制度体系。例如，可以在全国统一的基本养老保险计划基础上，建立公务员及事业单位人员职业年金的"二支柱"体系⑦，也可以建立"基本养老金 + 职业

---

① 参见董克用、孙博《从多层次到多支柱：养老保障体系改革再思考》，《公共管理学报》2011 年第 1 期。

② 郑秉文：《事业单位养老金改革路在何方》，《河北经贸大学学报》2009 年第 5 期。

③ 财政部财政科学研究所课题组：《我国事业单位养老保险制度改革研究》，《经济研究参考》2012 年第 52 期。

④ 郑秉文：《公务员参加养老保险统一改革的思路——"混账型"统账结合制度下的测算》，《公共管理学报》2009 年第 1 期。

⑤ 姜爱林：《论事业单位养老保险体制改革的基本状况、制约因素与破解对策》，《宁夏社会科学》2010 年第 3 期。

⑥ 杨燕绥等：《事业单位养老金制度的帕累托改进条件分析》，《公共管理学报》2011 年第 1 期。

⑦ 孙守纪、黄晓鹏：《国外公务员养老保险制度改革及其启示》，《中国社会科学院研究生院学报》2008 年第 4 期。

年金 + 过渡性养老金""三支柱"养老保险模式[1]，还可以建立"个人账户养老金（包括职业年金） + 国民基础养老金"在内的"二元多支柱体系"，退休金逐步退出事业单位人员养老金体系，逐渐为职业年金和基础养老金所取代[2]。但是不管怎么建，改革的大方向是不削减这类人员的养老金待遇，而是优化养老金制度结构，将其纳入到统一的养老保险制度体系中去[3]。

分析事业单位养老保险转制成本可以为改革提供合理的政策依据。一些研究发现，全国机关、事业单位人员的年龄结构还属于年轻型，这对于机关事业单位养老保险制度改革较为有利。当然，如果这类人员的个人缴纳部分完全通过提高工资变相实现，它将比转轨之前要增加 239.6 亿元的财政支出[4]，因而会产生一定的财政支出压力；而如果对这类群体建立统一的年金制度，这个成本将在 2050 年左右达到峰值，约为 GDP 的 0.11% 并维持一段时间[5]。可是，如果将男性的退休年龄推迟至 64 岁，女性推迟到 58 岁，那么，现行的财政政策能够实现"代际平衡"。因此，延长退休年龄就成了许多学者的政策建议[6]。

总体上看，现有的成果对于我们深化事业单位养老保险制度的研究具有重要的借鉴价值，站在前人的肩上有助于我们深化这个领域的研究。不过，现有的研究还存在以下四点不足。

---

① 桂世勋：《改革我国事业单位职工养老保险制度的思考》，《华东师范大学学报》2010 年第 3 期。

② 杨燕绥等：《事业单位养老金制度的帕累托改进条件分析》，《公共管理学报》2011 年第 1 期。

③ 郑功成：《事业单位养老金改革的三个争议点》，人民网，2010 年 11 月 3 日。

④ 卢驰文：《机关事业单位养老保险制度转轨的财政压力分析》，《理论探索》2008 年第 1 期。

⑤ 郑秉文：《事业单位养老金改革路在何方》，《河北经贸大学学报》2009 年第 5 期。

⑥ 蒋云赟：《养老保险改革对财政体系的影响：以机关和事业单位为例》，《探索与争鸣》2008 年第 4 期。

一是理论支撑不够扎实。事业单位养老保险制度的改革不是一种主观想象，而应该是在科学理论指导下的自觉行动。要改革事业单位养老保险制度，必须要准确界定"事业单位"的内涵与外延，提炼出事业单位养老保险制度改革的理论基础与理论依据[1]，形成科学的事业单位养老保险制度改革的理论体系与理论内容，以便更好地进行事业单位养老保险制度的改革设计与政策安排。反过来，如果缺乏科学理论指导，失去了思想维度，无论建构"二支柱""三支柱"甚至"多支柱"的事业单位养老保险制度始终是一种"无根的"制度安排与政策设计。当然，如果简单地"复制"西方的养老保险理论，试图"指导"中国事业单位养老保险制度的改革实践又会出现"食洋不化"，容易迷失改革的方向，无法保证所建构的事业单位养老保险制度具有公平、可持续性。这就需要我们扎实推进事业单位养老保险理论的研究，为事业单位养老保险制度改革提供坚强有力的理论基础与理论支撑。

二是顶层设计不够科学。由于缺乏扎实的理论基础以及科学的理论支撑，现有的改革方案难以找准事业单位养老保险制度改革的关键点与着力点，没有在公平与可持续之间找到一个均衡点，因而尚未真正建立起一个清晰而又令人满意的制度设计，不同学者所提出的政策方案千差万别，很多方案难以经受时间与实践的检验，有的改革方案相互重叠与矛盾，有些改革建议无法很好地解决事业单位养老保险制度改革成本问题，这类人员的缴费、待遇支付及待遇调整机制尚未科学地建立，他们与机关公务员及企业职工之间的缴费、待遇关系怎样等都没有科学地解决，由此使得整个事业单位养老保险制度改革出现诸多难以克服的

---

① 高和荣：《底线公平：机关事业单位养老保险制度改革的价值取向》，《探索》2015 年第 6 期。

矛盾。

三是没有很好地解决各类人员养老金待遇差距过大问题。现行的研究以及2015年国务院公布的改革方案同样没有解决机关事业单位与企业职工的养老金收入差距较大的问题，也没有很好地测算这样的制度设计所面临的财政支付压力以及社保基金长期支付平衡问题。一些研究一味地着眼于如何实现事业单位养老保险制度的变轨与整合，而不去考虑整合后的政策方案能否有助于缩小机关、事业及企业职工退休养老金待遇差距，也没有考虑事业单位养老金缴费办法是否具有合理性。单就2015年国务院颁发的《关于机关事业单位工作人员养老保险制度改革的决定》来看，这一政策规定单位缴纳基本养老保险费以及职业年金费的比例为本单位工资总额的28%，如此高的缴费比例岂是一般的企业所能承受，如此高的缴费比例财政负担能否可持续以及如何可持续。这意味着，现有的研究忽视了对现行政策所带来的公平性与可持续性的反思与分析。

四是调查研究不足。迄今为止，有关事业单位养老保险制度的研究往往带有浓郁的"专家视角"色彩，更多地停留在书斋里的制度构想，针对事业单位养老保险制度改革缺乏大规模的问卷调查，尤其缺乏对典型地区的调研，因而不了解政府相关部门实际工作情况以及事业单位养老保险制度改革所牵涉的部门，不了解事业单位养老保险制度改革的实质与核心，不了解社会各阶层对于事业单位养老保险制度改革的态度与期望。调查研究不足将使得事业单位养老保险制度改革方案很可能脱离人民群众的真正需要，导致"理性的"制度设计陷入"非理性的"实施结果中去，政府部门依据这样的政策建议甚至不能实现自身的政策目标。所有这些，昭示着我们应该深入开展事业单位养老保险制度的科学研究，在扎实调研的基础上，反思并重构事业单位养老保险制度的理论基础、理论依据及价值目标，提出实现这些任务与要求的政策方案。

三 研究思路与方法

思路决定出路，有什么样的思路就会有什么样的出路，有什么样的思路就会形成什么样的政策体系；没有思路也就没有出路，思路匮乏或思路不畅则跳不出原有的制度樊篱。

1. 基本思路

本书以"事业单位"为起点，站在整个养老保险制度立场上反思其中的一个部分——事业单位，通过事业单位去整合其他各个群体，并反观整个养老保险制度本身如何建设与完善。为此，这就需要从公平、可持续角度反思并重构包括事业单位在内的各类人员养老保险制度赖以存在的理论基础，构建事业单位养老保险制度的理论内容，以此作为事业单位养老保险制度改革的逻辑起点，分析部分省市正在试点的改革方案以及国务院 2015 年公布的改革方案，并对广东、福建、江苏、重庆等地人力资源和社会保障部门进行调研，开展结构式访谈，了解这些地方社会各阶层对事业单位养老保险制度改革的态度、愿望，为构建事业单位养老保险制度提供客观依据，构建更加科学的事业单位养老保险制度方案。因此，在具体的研究过程中，本书贯彻理论与实践相结合、不同社会群体观点相融合。

一方面，本书立足于当前全国各地正在试点的事业单位养老保险改革，实地调研部分试点省份的进展情况、所形成的基本经验、出现的基本问题等，运用底线公平等理论分析事业单位人员养老保险制度改革的重点及方向，进而分析 2015 年国务院颁发的机关事业单位养老金改革方案。在具体研究中采取理论探索与实证分析、定性研究与定量研究相结合的办法，试图保证研究结论和政策建议具有科学的理论支撑及扎实的经验基础。

另一方面，养老保险是一个有机整体，针对各个群体设计的养老保险政策不应该彼此断裂开来。因此，本书虽然只是对事业单位这个单一群体的养老保险制度进行研究，但它涉及机关公务员及企业职工乃至城乡居民等群体的养老问题，因而本书在研究过程中试图运用普遍整合理论并提出基础普惠理论。注意将政府相关部门负责人、专业人员及普通民众的观点结合起来，将公务员、事业单位人员、企业职工以及城乡居民的态度结合起来，努力在他们之间形成更多的"共识"，增进研究结论的正确性与科学性。

同时，尽管国外没有事业单位这个机构，也就没有直接的事业单位养老保险制度。但是，现代意义上的养老保险制度始于西方发达国家，国外公职人员养老保险制度在长期实践过程中积累了许多经验。另外，我国台湾地区设立的军公教养老保险制度也值得参考，这些国家和地区的制度设计理念及其哲学基础值得我们去思索，成为事业单位养老保险制度设计的有益借鉴。

2. 本书采用的方法

本书采取实地调研、问卷访谈以及文献研究等方法对正在试点的全国部分省市事业单位养老保险制度进行研究，努力保证整个研究的客观性、科学性与有效性。

一是文献研究。本书广泛搜集国内外学术界有关事业单位人员养老保险制度的研究成果，通过查阅并整理相关文献，全面了解和掌握本书的进展，在相互比较中取长补短，充实内容，提高研究质量，避免对已有研究的重复，确保整个研究的前沿性。本书特别关注我国台湾地区的军公教人员的养老保险制度，以及这类人员与劳工养老保险制度的区别与联系，这对于大陆地区具有较强的借鉴价值。

　　二是问卷调查。事业单位养老保险制度改革涉及相关利益者尤其是被改革者的利益，涉及其他各类参保群体的看法，这就要求整个研究必须尊重民意、体现民意和反映民意。因此，本书运用多阶抽样方法，在福建厦门、重庆等地共选取了 1500 个样本进行封闭式问卷调查，每个地方均为 750 份问卷，通过 SPSS17.0 软件分析被访者对机关事业单位人员养老保险制度的期望与建议等，其中相关专业人员 250 位，各个阶层的民众 500 位。同时本书课题组还到北京、上海、南京、长春、长沙以及首尔等地参加"社会保障 30 人论坛""社会福利普遍整合""社会保障与社会质量""东亚社会福利论坛"（韩国、日本）以及"中国社会福利专业委员会"等学术研讨会，向相关专家进行请教问卷调查数据分析，听取他们对于事业单位养老保险制度改革的意见、建议和要求，努力提升研究成果的质量。

　　三是实地调研。要了解调查问卷背后的信息还必须要进行实地调研，选择有代表性的被访者进行个案访谈，明确问题背后的含义。本书在研究过程中选取广东、福建、江苏等地作为研究对象，课题组带领成员运用多种调查工具、采取座谈会、个案访谈等调研方式收集文献资料，总结这些地方的改革措施，针对各类调查对象进行个案访谈与问卷调查。在个案访谈部分，主要对人力资源和社会保障局以及公务员局的在职处级或中层以上干部、高等学校的相关专业教师、离退休干部职工进行访谈，了解他们对事业单位养老保险制度改革的态度、愿望与建议，从而为写作提供了启发性建议。

第二章　事业单位养老保险制度的演进

　　分析事业单位养老保险制度存在的问题，提出事业单位养老保险制度改革方案与政策建议，应当站在逻辑与历史相统一的角度，全面了解我国事业单位制度的产生与发展过程，分析事业单位养老保险制度历史演进的逻辑必然性与客观现实性，分析现行事业单位养老保险制度所存在的问题，从而科学地提出完善事业单位养老保险制度、促进事业单位养老保险制度更加公平、更可持续发展的政策建议。

一　事业单位退休养老制度的形成

　　退休养老制度是事业单位养老保险制度的前身。新中国成立以后，政府建设事业单位人员退休养老制度是一个逐步实现、逐步定型化的过程。20世纪50年代到改革开放之初是我国事业单位养老制度的初步建立阶段。在这个阶段，政府结合经济社会发展形势出台了一系列相关政策，妥善保障了这类人员的退休养老问题。

1. 事业单位退休制度的初步建立

事业单位退休养老制度是新中国成立后中央政府根据当时的实际情况逐步建立起来的。当时，为了解决那些在新中国成立前就已经退休并领取退休金以及新离退休人员的退休养老问题，促进社会稳定，中央政府借鉴苏联的国家保障模式，结合解放区曾经实施的供给制养老经验，于 1950 年 3 月由原政务院财经委员会颁布了新中国第一部养老方面的政策法规——《关于退休人员处理办法的通知》，规定离退休人员的退休养老经费全部或部分来源于财政，待遇与工作年限挂钩，他们的退休管理与原单位关系保持不变，以便保障那些"过去有退休金的机关、铁路、海关、邮局等单位的职工"仍然享有相应的退休金待遇。这意味着：一方面，我国最初的退休养老制度只保障极其有限的群体，主要集中在"机关、铁路、海关、邮局"等单位的职工。另一方面，这类职工的养老金待遇计发办法基本一致，都采取按照工作年限计发养老金待遇，他们的退休养老金待遇大致相同。同时，机关、事业以及国营企业职工退休养老制度并没有分别建立，三类人员实行统一的退休养老制度，这就是说，我国城镇职工退休养老制度最初是整合的而不是碎片的、是统一的而不是零碎的。

当然，由于当时西藏及新疆等地尚未完全解放，国家财政比较困难，全国各类职工都建立退休养老制度、享受养老金的条件尚不具备，政府只能优先解决旧中国已经领取退休金人员的退休养老问题，这一做法有助于维护社会安定，减少社会震荡，增进民众对新生政权的认同。因此，1950 年的这个《通知》实际上主要是对那些在新中国成立以前就已经退休并领取退休金人员的待遇重新确认，切实保障这类人员已有的退休待遇，至于新退休人员的退休养老金待遇问题更多地需要后续法规予以规定。

随着"一五"计划的推进、经济建设的良好开局以及整个社会的逐步安定，政府开始着手解决其他群体的养老、医疗等社会保障问题。1951年2月，政务院颁布了《劳动保险条例》，把退休养老的覆盖范围从原来的"铁路、邮电、航运"等行业拓展到职工数超过100人以上的"国营、公私合营、私营及合作社经营的工厂、矿场及其附属单位与业务管理机关"①。而这个"业务管理机关"是指其全部经费由业务收入或基本建设费或事业费内开支的机构，"附属单位"则包含企业所附设职工文化教育、福利机构，如工厂附设的各类学校、医院乃至报社等，这在一定程度上包含了部分事业单位人员。1953年1月，政务院根据经济社会的形势修订了《劳动保险条例》，把退休养老对象扩大到工、矿、交通部门的基建企业单位和国营建筑公司。修订后的《劳动保险条例》规定，男工人与男职员年满60岁，一般工龄满25年；女工人与女职员年满50岁，一般工龄满20年；男女职工本企业工龄已满10年者，退休待遇标准由原来本人工资的35%—60%提高到50%—70%。

2. 事业单位退休制度的独立设置

实际上，由于各个行业之间的特殊性，将各类人员的退休养老制度同等处理也显得过于简单化。针对这一情况，1955年12月，国务院颁布了《国家机关工作人员退休处理暂行办法》，认为由于国家机关工作人员"还不能和企业职工采取同样的办法计算工龄"，他们的工资标准也有差别，因而国家机关工作人员"还不能立即实行劳动保险条例"②，这就需要对机关工作人员的退休养老问题出台专门的"办法"，以便解决国家机关及所属事

---

① 国务院：《中华人民共和国劳动保险条例法规》（第2条），1951年2月23日。

② 国务院：《国家机关工作人员退休处理暂行办法》，国秘字第245号，1955年12月29日。

业费开支单位工作人员的退休养老问题。这实际上是说1955年颁布的《国家机关工作人员退休处理暂行办法》只是权宜之计，机关事业单位人员实行"劳动保险条例"仍然是一个必然的趋势，只不过当时尚未具备这样的条件而已，条件一旦具备就应该让其参加劳动保险条例。

该《办法》规定，男子年满60岁，女子年满55岁，工作年限已满5年、不满10年，加上参加工作以前主要靠工资生活的劳动年限，男子满25年、女子满20年的，发给本人工资（退休时的标准工资加退休后居住地点的物价津贴，下同）的50%；满10年、不满15年的则发给本人工资的60%[1]；如果"男子年满60岁，女子年满55岁，工作年限已满15年"，或者"工作年限已满10年，因劳致疾丧失工作能力"以及"因公残废丧失工作能力"的退休人员，可以发给本人工资的70%。其中，工作年限在15年以上的退休人员发给本人工资的80%。另外，这类工作人员对革命有重大功绩，或者在参加工作以前长期从事科学、技术、文化、教育等事业，并且对社会有特殊贡献的，他们的退休金经过省（自治区、直辖市）人民委员会或者国务院批准可以酌量提高。这表明，当时针对国家机关工作人员的退休处理办法实际上已经把大部分事业单位人员包含进来了，这里的"国家机关工作人员"实际上就是后来所谓的"机关事业单位人员"，他们的退休养老制度逐渐与企业职工相分离。

通过对新中国成立后到1955年底为止的退休养老法规进行分析，我们可以发现，机关事业单位人员和企业职工的退休养老制度经历了从最初整合逐渐走向了各自独立设置的过程，独立设置后的机关事业单位退休养老制度以"暂行办法"形式自

---

① 国务院：《国家机关工作人员退休处理暂行办法》（第2、3条），国秘字第245号，1955年12月29日。

成一体，并且这类人员的退休待遇下限为本人工资的50%，上限为本人工资的80%，他们的退休待遇无论是下限还是上限均高于企业职工。这也为后来城镇职工实行二元乃至三元退休养老制度，进而为机关、事业及企业职工的养老金待遇差距拉大埋下了种子。

"一五"计划完成后，国内形势发生了变化，退休养老制度已经上升到"阶级觉悟"和调动"革命积极性"问题上。在这种情形下，1958年，国务院颁布了《关于工人、职员退休处理的暂行规定》，取消退休养老领域内的双轨制，将企业职工和机关事业单位人员甚至包括人民团体及民主党派人士的退休养老办法予以合并①，涉及的群体主要包括"国营公私合营等企业及其业务管理机关和附属单位""事业单位""国家权力机关、行政机关、法院检察院等及其附属单位""经费全部或者部分由国家补贴人民团体及其附属单位""民主党派"以及"在军事系统工作而无军籍工人职员"等②，这就在制度层面上统一了企业职工和机关事业单位人员的退休养老办法。中央政府是否以为此时已经可以和"企业职工采取同样的办法计算工龄"，可以执行劳动保险条例了？值得我们思考。

受当时政治形势的影响，1958年的《暂行规定》要求企业职工及机关事业单位人员不需要缴纳养老费用，各类员工的退休养老金来源于财政、企业或全国总工会调剂基金，所有职工的退休待遇主要与个人的工作年限挂钩。该《暂行规定》还明确了特殊贡献人员的退休待遇，规定机关事业单位人员的退休费由民政部门发放。这些规定，就是要通过适当降低机关事业单位人员的

---

① 参见国务院《关于工人、职员退休处理的暂行规定》（第1条），《人民日报》1958年4月23日。

② 参见国务院《关于工人、职员退休处理暂的行规定实施细则》（第1、2条），《人民日报》1958年4月23日。

退休养老金待遇，以便缩小与企业职工的养老金待遇差距，体现社会主义社会的公平性，同时还可以减轻财政负担。因为该《暂行规定》将机关事业单位人员的退休养老金待遇调整到本人工资的50%—70%，与1955年实行的《国家机关工作人员退休处理暂行办法》中部分人员可以领取本人工资的80%相比，下调了10%左右。另外，对于特殊贡献的人员其退休养老金待遇也做了限定（增发部分不超过个人工资的15%）[1]，这与1951年的《劳动保险条例》中关于工人的退休待遇大致相同。

1958年《关于工人、职员退休处理的暂行规定》的颁布固然要改革退休养老领域内业已存在的"双轨制"。但是，这种改革更多是一种"整合"而不是"取消"已有的双轨制，也不是简单地将两类人员的退休养老制度加以合并。我认为，这次改革的目的主要是为了节约日益增长的财政支出，平息人民群众对于退休养老金待遇差距大的负面情绪，进而增进退休养老金待遇在各个群体之间的公平。因为早在"一五"期间，国家机关、企业、事业单位支出的附加工资和各项福利费就达到工资总额的19.2%[2]，而机关事业单位人员的退休养老金当时就已经普遍高于企业职工，这无法体现社会主义国家的劳动者在政治经济地位上的平等，这必然引起人民群众的不满。

3. 事业单位退休制度的停滞不前

"文革"期间，我国退休养老制度遭到严重破坏。《劳动保险条例》以及《国家机关工作人员退休处理暂行办法》等政策

---

① 参见国务院《关于工人、职员退休处理的暂行规定》（第4条），《人民日报》1958年4月23日；马文瑞《国务院关于工人、职员退休处理的暂行规定（草案）的说明》。

② 周恩来：《关于劳动工资和劳保福利问题的报告》，在中共八届三次会议上的讲话，1957年9月26日。

文件一度被称为"腐蚀职工的修正主义条例"而被暂停实施①，政府管理的退休养老部门被撤销，掌管职工福利的工会被迫停止活动，企业职工养老保险统筹基金制度也被取消，企业所应交缴的社会保险费无人统一征缴，只能由各单位自行负担，企业职工社会养老制度退化为各个单位的自我养老制度，也就是所谓的"单位养老"保障，一些效益不好的单位自然无法发放职工的养老金。此时，符合退休标准的机关事业单位干部职工同样得不到妥善安置，他们的退休养老金无处申领，整个国家的养老保险事业陷于瘫痪中，各项社会保险工作处于历史性的倒退状态。

二　事业单位退休养老制度的恢复

"文革"结束后，我国进入到以经济建设为中心的改革开放时代，发展经济、解决温饱、实现"四化"成为当时整个社会的共同心声。此时，随着老年人口数量的增多，我国退休养老领域出现了一些新的情况，需要对原有的机关事业单位退休养老制度加以恢复。

1. 事业单位退休养老制度恢复的背景

20 世纪 70 年代后，我国城镇各类职工退休人数不断上升，这对整个退休养老金支付带来了巨大的压力，尤其在国民经济发展举步维艰的情况下更是如此。例如，1952 年，全国机关事业单位及国营企业退休职工人数仅为 2 万人，约占在职职工总数的 0.1%；1956 年达到 6.3 万人，约占在职职工总数的 0.2%；1966 年激增到 100 万人，占在职职工总数的 1.9%；1979 年，全

---

① 转引自臧宏《事业单位养老保险制度改革研究》，吉林人民出版社 2007 年版，第 53 页。

国机关事业单位及全民所有制企业退休职工数为 596 万人，占在职职工总数的 6%①，占比是 1952 年的 60 倍。退休人数的增多必然给退休养老金支付带来了压力，内在地需要对原有的那种完全依赖财政支付的退休养老办法进行修订，完善企业职工劳动保险条例，落实机关事业单位工人的退休政策，保证城镇各类职工能够足额领取到退休金。

另一方面，"文革"期间，全国各地党政机关、高等院校及科研院所均不同程度地受到了冲击，有的干部遭到不公正批斗失去了退休金不得不自我供养，大批符合退休条件的机关事业单位人员不能正常办理退休手续，他们无法及时领取退休养老金，有的只好留在原单位继续工作，结果导致整个干部队伍人员老化，有些人由于"年龄和身体关系"甚至已经到了"不能继续坚持正常工作"的地步了。这同样需要政府进一步明确退休政策，尽快恢复受到迫害的老干部们退休养老待遇，尽早安置老弱病残干部，解决好他们的实际困难，及时足额发放退休金，使他们安心地从机关事业单位岗位上退下来，这对于加快我国干部队伍年轻化、知识化同样十分必要。为此，党和政府根据当时的经济社会发展形势，及时修订了 1958 年以来一直实施，并在"文革"期间中断的退休制度。

2. 事业单位退休养老办法的修订

1978 年 6 月初，国务院连续下发了《关于安置老弱病残干部的暂行办法》以及《关于工人退休、退职的暂行办法》两个文件，对 1958 年颁布的退休养老政策作了较大幅度的修订。其中，最大的区别就是将干部与工人区别对待、分别建章立制，干

---

① 冯慧娟：《我国退休职工队伍的变化和退休制度的沿革》，《中国劳动科学》1986 年第 9 期。

部与工人的退休养老待遇也做了相应的调整。主要体现在四个方面：

第一，为了解决普遍存在的干部年龄老化问题，国务院《关于安置老弱病残干部的暂行办法》把安置对象界定为有一定工作年限的"各类干部"。包括"担任实职有困难，有斗争经验，尚能做一些工作，1949 年 9 月底以前参加革命工作的地委正副书记、行政公署正副专员及相当职务以上的干部；1942 年底以前参加革命工作的县委正副书记、革命委员会正副主任及相当职务的干部"，这类人员以"顾问"的形式安排相应的工作，如果他们"丧失工作能力"则"可以离职休养，工资照发"①。而机关事业、群众团体、全民企业的普通干部男年满 60 周岁、女年满 55 周岁，并且参加工作年限满 10 年的就可以退休，如果"经过医院证明完全丧失工作能力"的均可以提前 10 年退休②。

为了确保该《办法》顺利实施，1980 年 10 月国务院下发第 253 号文，对老干部离职休养做了专门规定，不仅规定了老干部离退休后所能享受的政治待遇，而且规定离退休干部的各项福利待遇保持不变，这就解除了老干部们的后顾之忧，使他们安心离退休，为开展干部队伍年轻化改革扫清了障碍。从这个层面上看，保留机关干部较高福利待遇特别是享有较高的退休金待遇实际上是特定历史阶段、解决特定问题的产物。

第二，《关于安置老弱病残干部的暂行办法》规定了各类被安置干部的退休待遇。这类人员退休后可以按照本人标准工资的 60% 以上发放，直至死亡为止。如果他们是抗日战争期间参加革命工作的按 90% 发放，解放战争时期参加革命工作的按 80% 发

---

① 参见国务院《关于安置老弱病残干部的暂行办法》（第 1、3 条），国发〔1978〕104 号。

② 参见国务院《关于安置老弱病残干部的暂行办法》（第 4 条），国发〔1978〕104 号。

给，新中国成立后参加工作满 20 年的按 75% 发给，最低可以按本人标准工资的 60% 发给，如果退休费低于 25 元的则按 25 元发给①。这个《办法》实际上不仅规定了退休金的上限而且规定了最低退休待遇，确保各类干部最基本的退休待遇。当然，如果这类干部获得过"全国劳模"等荣誉称号，其退休费可以酌情高于本人标准工资的 5%—15%。该《办法》的实施成为后来机关事业单位人员领取退休养老金的政策依据，也是逐渐拉大机关事业单位与企业职工养老金待遇差距的政策文本。

第三，《关于工人退休、退职的暂行办法》界定了职工退休的一般条件。此《办法》从建立一支精干的工人队伍入手，将那些"老年工人和因工、因病丧失劳动能力的工人"从劳动岗位上退下来，保障他们愉快地度过晚年。为此，该《办法》规定全民所有制企业、事业单位和党政机关、群众团体的工人，只要连续工龄满 10 年的女 50 周岁、男 60 周岁，那些从事井下、高空、高温、特别繁重体力劳动或者其他有害身体健康的工作以及因公致残、经医院证明并经劳动鉴定委员会确认完全丧失劳动能力的均可以提前 5—10 年退休②。这些规定对于规范工人退休条件具有十分重要的指导意义。这个《办法》实际上就把机关干部与机关工人、事业单位人员以及全民所有制企业员工分离开来：机关干部参照《关于安置老弱病残干部的暂行办法》执行，而事业单位人员、机关工人、全民所有制企业员工则按照《关于工人退休、退职的暂行办法》执行。

第四，《关于工人退休、退职的暂行办法》明确了工人退休后的相关待遇。《关于工人退休、退职的暂行办法》规定，工人

---

① 参见国务院《关于安置老弱病残干部的暂行办法》（第 5 条），国发〔1978〕104 号。

② 参见《国务院〈关于工人退休、退职的暂行办法〉的通知》（第 1 条），国发〔1978〕104 号。

退休后根据个人参加革命工作的时间领取本人标准工资的60%—90%，如果按此标准计算的退休费低于25元的同样一律按25元发放①。对那些因公致残的退休工人，除了按本人标准工资的90%发放之外，他们的实际退休费如果低于35元的则按35元发放。另外，这类人员还可以酌情发放一定数额的护理费。该《办法》还规定了其他相关人员的退休待遇问题。应该说，1978年颁布的《关于工人退休、退职的暂行办法》较为详细地规定了全民所有制及集体所有制企业职工、事业单位人员、机关工人的退休金待遇，虽然与机关干部的退休办法有所区别，但是两者的退休待遇设计原理大致相同，体现了两种不同制度所具有的整合性与统筹性。总体上看，国务院1978年所颁发的这两个文件有三个共同特性。

一是机关、事业单位及全民或集体所有制企业三类职工在职期间个人都不需要交缴养老保险金，他们退休后的养老金待遇按照人事部门或劳动部门审核批准，因此，缺乏个人缴费、没有进行社会统筹的退休养老制度严格说来还不能称之为"养老保险"制度。而且此时的普通职工主要由劳动部门审核退休，他们的退休金则由各单位独自支付，没有进行所谓的社会统筹，不具备社会养老保险所包含的"社会性"。

二是这三类人员的退休养老金计发比例差异较小，他们的退休养老金待遇差距不大。国务院1978年针对老弱病残干部及工人所颁布的两个文件原则规定了各类人员的退休金计发办法，各地在具体执行过程中据此加以明晰化与操作化。比如，福建省就规定，工作年限在20—35年之间的机关干部退休金按照职务工资和级别工资之和的75%、82%及88%三个档次计发，超过35

① 参见《国务院〈关于工人退休、退职的暂行办法〉的通知》（第2条），国发〔1978〕104号。

年以上的一律按 88% 计发；事业单位人员按照不同工作年限、根据本人职务和津贴之和的 90%、85%、80% 三档计发；而机关事业及国有企业的工人则根据工作年限、按照本人岗位工资、技术等级工资和奖金之和的 90%、85% 和 80% 三档计发。其中，机关事业单位的退休养老金来源与计发办法基本沿用到今天，企业职工养老金来源及其计发办法随着后来的经济体制改革在 20 世纪 90 年代中期开始发生重大的变化。

三是造成现在三类人员养老金待遇差距的拉大与国务院 1978 年颁发的两个文件没有必然的关系。三类人员养老金差距拉大主要是由于改革不同步引起的，尤其是退休养老金缴费及计发办法不同步所导致的。其中，机关事业单位个人仍然不需要交缴养老金就可以获得退休养老金，他们的养老金收入与工作年龄、职称及行政级别有关，也就是与退休前 1 个月的工资有关，因而不是真正意义上的社会养老保险。而企业职工后来则需要缴纳养老保险，他们的养老金收入采取了不同于机关事业单位的计发办法，实行了个人账户与社会统筹相结合、基础养老金与个人账户养老金累加的计发办法，而与其退休前 1 个月的工资多寡关系不大。

3. 劳动合同制度在事业单位的实行

20 世纪 80 年代，农村家庭联产承包责任制的推行不仅解决了农民的温饱问题，而且为城市经济体制改革提供了新的思路。从 1984 年起，国务院决定进行城市经济体制改革，认为社会主义经济是公有制基础上的有计划商品经济，必须消除原有劳动制度中"包得过多、统得过死、能进不能出"等弊端，逐步建立起一套适应社会主义商品经济发展要求的新型劳动制度，以利于调动劳动者的积极性与创造性。为此，1986 年 7 月 12 日，国务院下发了《国营企业实行劳动合同制暂行规定》《国营企业招用工人暂行规定》和《国营企业职工待业保险暂行规定》三个文件，其中的一些内容涉及事业单位人员的劳动性质与劳动关系问题。

根据《国营企业招用工人暂行规定》，国家机关、事业单位和社会团体招用工人应当"面向社会、公开招收""实行劳动合同制"，劳资双方签订劳动合同，要求劳动合同中要规定好劳动者的劳动期限、工作条件、工作任务、劳动报酬、劳动保险和福利待遇等①，企业及劳动者约定好单方面解除劳动合同的基本条件及基本程序。《国营企业实行劳动合同制暂行规定》首次明确要求国家对劳动合同制工人实行社会养老保险制度，退休养老金来源于企业和工人的缴纳，退休养老金"不敷使用时，国家给予适当补助"②。在这个规定中首次确定了企业及个人养老金所应交缴的额度，其中企业缴纳工人工资总额的15%左右，而工人交缴的额度不超过本人标准工资的3%③。工人的退休养老待遇包括"退休费、医疗费、丧葬补助费、供养直系亲属抚恤费以及救济费"等④。该《规定》还提到，国家机关、事业单位和社会团体招用的工人也应当按照此规定执行⑤。这意味着：事业单位新进工作人员应该参加社会养老保险，双方应该交缴养老费用；同时，新进职工本人只需要交缴个人工资的3%而不是后来的8%。

1988年4月，国务院进行机构改革，由国家劳动总局和人事局合并而成的原劳动人事部一分为二划分成劳动部和人事部。其中，人事部负责政府机构改革、政府职能调整、公务员制度、机构编制管理等工作，主管机关事业单位职工的退休养老事宜；而

---

① 参见《国营企业实行劳动合同制暂行规定》（第8条），国发〔1986〕77号，1986年7月12日。

② 参见《国营企业实行劳动合同制暂行规定》（第26条），国发〔1986〕77号，1986年7月12日。

③ 同上。

④ 参见《国营企业实行劳动合同制暂行规定》（第27条），国发〔1986〕77号，1986年7月12日。

⑤ 参见《国营企业实行劳动合同制暂行规定》（第32条），国发〔1986〕77号，1986年7月12日。

劳动部则负责企业职工的养老保险制度建立与管理问题。这等于说，把机关事业单位及企业职工归口到不同的管理机构，管理机构的分设进一步强化了机关事业与企业之间各自独立设置、独立运行退休养老制度，客观上推动着城镇各类职工养老金收入差距的拉大。

三　事业单位养老保险制度的改革试点

20 世纪 80 年代末 90 年代初，社会主义市场经济体制的建立，使得原来的双轨制养老保险制度日益不适应市场经济的要求，改革包括事业单位在内的城镇职工退休养老制度成为社会各界的普遍呼声。1991 年 6 月，国务院发布《关于企业职工养老保险制度改革的决定》，明确原人事部具体负责机关、事业单位退休养老制度的改革事宜，从而将这类人员的退休养老问题再度提上议事日程。1992 年 1 月，原人事部下发了《关于机关、事业单位养老保险制度改革有关问题的通知》，要在总结我国干部退休制度的基础上，"建立国家统一的、具有中国特色的机关、事业单位社会养老保险制度"，核心内容是参照城镇企业职工社会养老保险制度模式，按照"国家、集体、个人共同合理负担的原则"改革机关事业单位养老保险制度，逐步改变"退休金实行现收现付、全部由国家包下来的做法"①。该《通知》还规定了机关事业单位劳动合同制工人的养老保险制度如何改革问题，由此拉开了机关事业单位养老保险制度改革的序幕。

十四届三中全会以后，为了推进机关事业单位养老保险制度的改革，1993 年 12 月，国务院下发了《关于机关和事业单位工

---

① 原人事部：《关于机关、事业单位养老保险制度改革有关问题的通知》，人退发〔1992〕2 号，1992 年 1 月 27 日。

作人员工资制度改革问题的通知》及《机关工作人员工资制度改革实施办法》《事业单位工作人员工资制度改革实施办法》和《机关、事业单位艰苦边远地区津贴实施办法》等文件，规定实行新工资制度的事业单位离退休人员在新的养老保险制度建立前"按离休前本人职务工资和津贴的全额发给""工作人员退休时，职务工资和津贴按国家有关规定打折扣后计发退休费"①。为了妥善处理这些政策在实施过程中可能出现的新问题，1994 年 1月，原人事部专门下发了有关机关事业单位人员工资改革的指导性文件，不仅对未确定技术等级的技术工人、聘任干部、低学历人员、金融系统人员、军队非军籍机关事业单位人员的工资改革问题作了具体说明，而且对各类人员的退休金计发基数、计发比例、待遇标准等均做了详细规定。

例如，根据当时的文件精神，事业单位工作人员和机关工人工作年限满 10 年不满 20 年退休的，其退休费按本人原工资（含活的部分）的 70% 计发，工作年限不满 10 年退职的其退职生活费按本人原工资（含活的部分）的 50% 计发；如果该机关事业单位实行职级工资制，那么，退休时工作年限满 10 年不满 20 年的基础工资和工龄工资全额发给而职务工资和级别工资按 60% 计发，工作年限不满 10 年的基础工资和工龄工资全额发给而职务工资和级别工资按 40% 计发。对那些享受原工资 100% 退休费的退休老专家及国民党军队中的起义人员均可按同职务在职人员的平均增资额增加退休费②。这为推进机关、事业单位养老保险制度改革打下了良好的基础。

1994 年 12 月，全国人事工作会议提出要建立适应社会主义

---

① 国务院：《关于机关和事业单位工作人员工资制度改革问题的通知》，国发〔1993〕79 号，附件二：《事业单位工作人员工资制度改革方案》（第 10 条）。

② 原人事部：《关于机关、事业单位工资制度改革实施中若干问题的规定》，人薪发〔1994〕3 号，1994 年 1 月 29 日。

市场经济体制需要的人事制度、分配制度及社会保障制度。这意味着，以退休养老为核心的社会保障制度成为人事部门的工作重点。从 1993 年起，上海、山西、辽宁、山东、江苏、福建、云南等省份依据国家人事部《关于机关事业单位人员养老保险制度改革的通知》精神，结合自身实际出台相应的改革试点文件，在不同性质的机关事业单位中进行改革试点。

例如，上海市着眼于与城镇企业职工社会养老保险制度的整合与并轨，于 1993 年 10 月出台了机关事业单位基本养老保险费统筹办法，基本养老保险费实行全市统筹，具体统筹项目涉及离休费、退休费、物价补贴、生活补贴、住房补贴费等几个部分[①]，机关事业单位的基本养老保险费统筹率为在职职工工资总额的 25.5%。这就为上海市形成全市统筹的职工养老保险制度打下了基础。

又如，江苏省从 1993 年 10 月 1 日起就在省级机关、事业单位中实行养老保险制度改革，1994—1996 年间全省各地市相继出台了机关事业单位养老保险改革相关文件。2006 年江苏省人事厅与财政厅共同印发了《江苏省机关事业单位离退休人员计发离退休费等问题的实施意见》（苏人通〔2006〕331 号），规定 2006 年 7 月 1 日以后，机关事业单位离退休人员的养老金计发办法按照本人离退休前职务工资和级别工资或岗位工资和薪级工资之和全额计发或以工龄为依据按照一定比例计发。

再如，福建省根据相关文件、结合自身特点制定了《福建省机关事业单位工作人员退休养老保险暂行规定》，明确要建立"基本养老保险与单位补充养老保险、个人储存积累式养老保险相结合的社会保险制度"，实行国家、单位、个人共同负担，并

---

① 上海市人民政府：《上海市机关事业单位基本养老保险费统筹暂行办法》，1993 年 10 月 29 日。

对事业单位养老保险的适用对象、缴费比例、计发项目、计发标准、经办机构以及基金管理等做出了较为明确的规定。

福建省的这个《暂行规定》将参保人员划分为两大类——"纳入我省各级政府人事部门工资基金管理的国家机关、事业单位工作人员和其他执行国家机关、事业单位工资制度单位的人员"与"非全民所有制事业单位人员和人事、工资关系挂靠或寄存在各级国家机关、事业单位和人才交流服务机构具有国家干部身份的人员"①；在缴费比例上，确定基本养老保险费的缴纳比例应"控制在单位全部在册人员工资总额的 25% 以内"，个人缴纳的基本养老保险费按"本人工资总额的 2%"②，单位补充养老保险所需费用从单位奖福基金中列支；在养老金给付上，根据不同情况发放"退休费""退休补助费""生活补贴费""副食品价格补贴""粮油价格补贴"及"死亡丧葬费"六项费用，那些聘用制干部、合同制工人、集体工等人员的退休养老金主要按照"单位和本人缴纳的养老保险费的年限长短和金额多少计发"③。此外，福建省还较早地提出要对这类人员建立补充养老保险，这种补充养老保险就是后来的职业年金。另外，该《暂行规定》还对养老保险基金的保值增值、经办机构等方面做了详细规定。

到 1997 年，我国机关事业单位养老保险改革已呈现星星之火的态势，全国机关事业单位养老保险制度改革省级政务发文的就达 19 个，试点地市区 27 个，县级区 1700 多个，参保人数超

---

① 福建省人民政府：《福建省机关事业单位工作人员退休养老保险暂行规定》（第 2 条），闽政〔1994〕1 号，1994 年 6 月 7 日。
② 福建省人民政府：《福建省机关事业单位工作人员退休养老保险暂行规定》（第 8 条），闽政〔1994〕1 号，1994 年 6 月 7 日。
③ 福建省人民政府：《福建省机关事业单位工作人员退休养老保险暂行规定》（第 15 条），闽政〔1994〕1 号，1994 年 6 月 7 日。

过 1000 万人①，占机关事业单位人数 1/3 强。但由于观念、条件以及利益等因素的制约，大部分省份按照"部分铺开"、先易后难原则进行试点，很多省份只将机关事业合同制工人、聘用干部、自收自支事业单位纳入养老保险制度改革范围内，对机关事业单位干部群体仍然未改革，只有极个别省份采取"一步到位"的做法。

全国遍地开花式的试点呼唤出台总体改革方案，也为出台全国统一的改革方案提供了实践基础。1997 年 1 月，人事部、财政部共同起草了机关事业单位养老保险改革试点意见②，该试点意见延续了企业职工基本养老保险制度"统账结合"思路，适用范围覆盖了机关事业单位各类人员，初步统一了各地缴交比例，即"不超过单位工资总额的 20%，并按 11% 做实个人账户"。"试点意见"将养老金分为基础养老金、个人账户养老金和过渡性养老金，这些养老金部分与企业职工的养老金水平大体一致，另外再增加一个事业单位退休津贴，此津贴有点类似于职业年金。这一份在今天看来仍颇具"前瞻性"且能够与企业职工养老保险制度相衔接的试点方案由于种种原因并未获准强制实行，全国各地的试点少有取得实质性进展。尽管如此，各省市的机关事业单位养老保险制度改革试点仍在继续。例如，1999 年，原国家经贸委所属的 10 个国家局管辖的 242 个科研机构、中央所属 178 家工程勘察设计单位以及原建设部等 11 个部门所属 134 个科研机构改革了人事管理体制，实行属地化、企业化管理体制，这些转制后的科研机构执行企业职工养老保险制度。

2000 年 12 月，国务院下发通知，选择辽宁全省作为城镇职

---

① 参见罗倩妮《构建第二支柱职业年金制度——事业单位养老保险改革突破口》，《市场论坛》2010 年第 4 期。

② 1997 年 1 月 28 日，由原人事部、财政部起草的《关于机关和事业单位工作人员养老保险制度改革试点的意见》。

工社会保障体系的改革试点，执行《城镇社会保障体系试点方案》，其他省份自行决定是否试点。我认为，这个通知没有把1997年的试点改革推向前进，甚至在一定程度上是对1997年试点方案的否定。因为该"通知"指出，公务员（参公人员）维持现行的养老保险制度，公务员转入企业工作的执行企业职工基本养老保险制度，企业职工调入机关单位的执行机关基本养老保险制度。而全部由财政供款的事业单位仍维持现行的养老保险制度，"由财政部分供款事业单位的养老保险办法，在调查研究和试点的基础上另行制定"[①]。正是这一条成为各地决定机关事业单位养老保险制度如何改革的主要依据，甚至成为一些地方暂缓改革的理由。

2002年，党的十六大报告提出要"完善城镇职工基本养老保险制度"，次年的十六届三中全会再次提出要"积极探索机关和事业单位社会保障制度改革"。中央的重视为全国各地的试点工作提供了思想指导。可是，此时的事业单位在职及离退休人数增长很快。数据显示，到2002年底，机关事业单位实行退休养老制度的在职人员达到3682万人，其中机关1037万人，事业单位2645万人；离退休人员934万人，其中机关273万人，事业单位661万人[②]。2011年的统计资料显示，我国共有126万个事业单位、3153万正式职工，其中教育系统人员即达到一半左右，另有900万离退休人员，总数超过4000万人[③]。这意味着事业单位养老保险制度改革的涉及面、影响面越来越大，这在一定程度上成为各地谨慎而缓慢地推进事业单位养老保险制度改革的重要

---

① 国务院：《关于印发完善城镇社会保障体系试点方案的通知》，国发〔2000〕42号，2000年12月25日。

② 数据来源见张伟《改革和完善机关事业单位养老保险制度探讨》，《中州学刊》2004年第4期。

③ 参见《中共中央、国务院关于分类推进事业单位改革的指导意见》，新华社，2011年3月1日。

因素。

2005 年对机关事业单位人员来说是具有重要意义的一年。这年 4 月，全国人大颁布了《公务员法》，规定国家建立公职人员保险制度，保障公职人员在退休、患病、工伤、生育、失业等情况下获得必要的帮助和补偿，这意味着必须将机关公务员的退休养老制度改为社会养老保险制度，《公务员法》的实施推动着机关事业单位养老保险制度的改革试点。到 2005 年底，全国有 28 个省份的 283 个地市、1718 个县市开展了机关事业单位养老保险改革试点，参加养老保险改革的事业单位职工达到 1772 万人。其中，在职工 1410 万人，离退休人员 362 万人①。

2006 年 10 月，十六届三中全会通过的《关于构建社会主义和谐社会若干重大问题的决定》提出要"加快机关事业单位养老保险制度改革"。结合当年原人事部、财政部印发的《关于机关事业单位离退休人员计发离退休费等问题的实施办法》，政府对退休人员的待遇进行了明确规定：公务员的退休费按本人退休前职务工资和级别工资之和的一定比例计发。其中，工作年限满 35 年的按 90% 计发，工作年限满 30 年不满 35 年的按 85% 计发，工作年限满 20 年不满 30 年的按 80% 计发，满 10 年不满 20 年的按 70% 计发；事业单位工作人员的退休费按本人退休前岗位工资和薪级工资之和的一定比例计发②，各工作年限的发放比例与公务员一致。而机关事业单位工人的退休费分别按本人退休前岗位工资和技术等级工资之和、岗位工资的一定比例计发，各工作年限的发放比例与公务员及事业单位干部一致。人事部与财政部的联合发文再次将事业单位的退休养老金单独核发，退休养老制度

---

① 参见原劳动保障部、财政部、原人事部《关于事业单位工作人员基本养老保险制度改革有关问题的汇报》，2005 年 10 月 11 日。

② 原人事部、财政部：《关于机关事业单位离退休人员计发离退休费等问题的实施办法》，国人部发〔2006〕60 号，2006 年 6 月 20 日。

再次回到三轨制，社会各界对此反响较为强烈。

2007年10月，党的十七大鲜明提出要"加快推进以改善民生为重点的社会建设""促进企业、机关、事业单位基本养老保险制度改革"。在这种情况下，次年2月，国务院召开常务会议专题研究部署事业单位工作人员养老保险制度改革试点工作，讨论并原则通过了《事业单位工作人员养老保险制度改革试点方案》，强调建立完善的事业单位养老保险制度必须先行试点，积累经验。会议确定在"山西、上海、浙江、广东、重庆5省市先行开展试点"，与事业单位"分类改革配套进行"，按照这个通知，这次没有进行试点的地区"仍执行现行事业单位退休制度"①。2009年1月，人力资源和社会保障部正式下发该《方案》，确定五个试点省市及其五项重要改革内容，其中一项就是继续推进事业单位养老保险制度改革试点工作。由于此次事业单位养老保险制度的改革涉及分类改革，因而各试点省份期望国家有关部门能够出台事业单位分类改革的政策文件。

为了减轻事业单位养老保险制度改革的阻力，2011年初，国务院颁布了《关于分类推进事业单位改革的指导意见》，重申事业单位基本养老保险实行社会统筹和个人账户相结合，采取"老人老办法、新人新制度、中人逐步过渡"妥善保证其养老待遇水平平稳过渡、合理衔接②，这次的《指导意见》还提出要"统筹考虑企业、事业单位、机关离退休人员养老待遇水平"问题。这预示着以分类改革为契机，新一轮事业单位养老保险制度改革又将重新启动。这一年的7月1日《社会保险法》正式施行，《社会保险法》第十条提出，公务员和参照《公务员法》管理的工

---

① 国务院：《事业单位工作人员养老保险制度改革试点方案》，国发〔2008〕10号，2008年3月14日。

② 《中共中央国务院关于分类推进事业单位改革的指导意见》，《人民日报》2011年4月17日第1版。

作人员养老保险办法"由国务院规定"，显然，这一条规定并没有把 2005 年《公务员法》有关规定向前推进。同年 11 月 24 日，国务院法制办公布了《事业单位人事管理条例》征求意见，提出要"建立健全事业单位工作人员社会保险制度，保障其在年老、患病、工伤、生育、失业等情况下，享受社会保险待遇"[①]。这意味着整个事业单位人员养老保险制度都在呼唤顶层设计方案，事业单位实行社会养老保险办法呼之欲出。

2012 年以来，关于事业单位人员养老保险制度的改革不绝于耳，社会各界对于加快事业单位养老保险改革提出了许多值得探讨的方案或建议。2015 年 1 月初，国务院下发通知，决定自 2014 年 10 月 1 日起，实施《关于机关事业单位工作人员养老保险制度改革的决定》，将所有按照公务员法管理的单位、参公管理的单位、事业单位及其编制内的工作人员纳入改革范畴，逐步建立独立于机关事业单位之外、资金来源多渠道、保障方式多层次、管理服务社会化的养老保险体系。这为我们深入开展事业单位养老保险制度的改革、提出更加切实可行的建议提供了良好的基础。

四　小结

通过梳理新中国成立 60 多年来我国事业单位退休养老制度的演变历程及改革情况，分析政府历次颁发的相关政策文件以及全国各地所进行的试点改革，我们可以得出以下四点结论。

第一，事业单位养老问题始终与公务员养老问题交织在一起。无论是 20 世纪 50 年代颁布的"退休人员处理办法""劳动保险条例"以及"国家机关工作人员退休处理办法"，还是改革

---

① 参见《事业单位人事管理条例》（征求意见稿）第 59 条。

开放初期的"安置老弱病残干部办法""工人退休退职办法"以及 2015 年国务院颁发的文件，党和政府始终把机关事业单位作为一个整体出台相应的政策文件。20 世纪 90 年代初期，国家提出的养老保险制度改革最初也是要求机关事业单位同步推进，这在 1992 年初国家人事部下发的《关于机关、事业单位养老保险制度改革有关问题的通知》中表述得十分清晰。也正是依据这个通知，肇始于 1994 年部分省份所进行的事业单位退休养老制度改革也是与机关单位同步进行。2005 年《公务员法》的实施为机关事业单位分开改革埋下了种子①。在这种情况下，2008 年政府出台了单独针对事业单位人员的养老保险改革试点方案。加上《社会保险法》及《事业单位人事管理条例》的实施强化了公务员暂不参加试点改革的合法性以及事业单位人员建立社会保险制度的正当性。但是，2015 年的改革办法再次将两者统一起来，并且以"直接实施"而不是"部分地区试点"的形式进行。

历史经验证明，凡是将机关事业单位统筹考虑、一并加以试点或实施的，那么就容易推进事业单位养老保险改革；反之，如果单独改革事业单位，而保留公务员原有的退休办法及退休待遇，那么必将遭到包括事业单位及企业在内的各类职工的反对。所以，2015 年的改革方案仍然有很多不完善之处，但是，由于采取了事业单位与机关单位同步改革的办法，社会各界的实施阻力大大降低。这也意味着，2015 年的改革方案增强了这两个阶层养老保险制度及养老金待遇获得的公正性。

第二，2015 年实施的方案表明，机关事业单位退休养老经费来源与构成方式基本相同，他们的退休养老金待遇全部或部分来源于财政，因而可以采取同样的退休养老制度设计与安排。新中

---

① 例如，《公务员法》第 89 条强调公务员退休后享受"退休金"而不是"养老保险金"。

国成立以后到 21 世纪初，机关事业单位退休金都来源于财政，大多数年份采取个人不缴费退休后享受退休金待遇这一做法。1978 年的《关于安置老弱病残干部的暂行办法》所规定的机关、事业单位两类人员的退休待遇构成、退休待遇计算办法基本一致，因而两者的退休养老金差距不大。1997 年的人事部、财政部共同起草的《关于机关和事业单位工作人员养老保险改革试点的意见》也较为明显地贯彻这一思想。只不过在后来的试点中，全国大部分地区采取试点事业单位而没有将机关单位纳入进来，加上此时的企业职工按照国务院 1997 年第 26 号文全面实行了社会养老保险制度，由此使得三类人员的养老待遇逐渐拉大，为社会各界所诟病。所以，2015 年的改革方案实际上是对 20 世纪 90 年代以来在部分地区试点过程中所出现的问题进行的修正与完善。

这表明，今后的事业单位养老保险制度改革应该在 1997 年的政策文件基础上结合 2008 年的《试点方案》以及 2015 年的《关于机关事业单位工作人员养老保险制度改革的决定》，将机关及事业单位人员加以统筹改革，在此基础上再与企业职工养老保险制度加以整合，将三类人员的养老保险待遇控制在较为合理的范围之内，探索更加公正合理的养老金待遇差距结构，努力建成具有中国特色、更加公平、更可持续的养老保险制度。

第三，从单位养老到社会养老是整个养老保险制度改革的总趋势，也是机关事业单位退休养老制度改革的总方向。包括事业单位在内的整个养老保险制度改革实质就是要改变过去养老责任、养老资金来源等比较单一问题，改变过去养老待遇差距过大的问题，建立适应社会主义市场经济发展要求、具有中国特色、更加公平、更可持续的养老保险制度体系，实现养老责任共担、养老金构成多元化、养老金待遇差距合理化、养老保险制度可持续化。这就要明确公务员及事业单位人员自身的养老责任，改变原来个人不缴费并且养老金待遇计发办法不统一状况，实现国家、单位及个人共同缴费办法，也要改变原来养老金完全来源于财政这一状况，实现基础养老金与个人账户养老金相结合，还要建立职业年金，充分调动单位与个人积累的积极性和主动性，在保证事业单位人员养老金待遇不至于过度下降的前提下缩小与企业职工养老金待遇的差距，进而有助于实现从退休养老向社会养老的转变。这是避免养老金支付风险、增强各类人员愿意参加社会养老保险改革的一条切实可行之路，也是事业单位养老保险制度60多年不断改革所蕴含的一条规律，它为机关公务员养老制度的改革指明了方向。

第四，20世纪90年代以来的事业单位养老保险制度改革试点虽然极其缓慢地进行，但是它却揭示出一个道理：养老金待遇是所有被改革对象以及其他利益相关者关注的焦点，它构成了整个事业单位养老保险制度改革的核心，如何把各类人员的养老金待遇差距控制在更加科学合理的范围内，使得各类人员的养老保险制度更加彰显公平公正，如何确保改革后的事业单位人员养老金待遇不至于大幅度降低，如何在机关公务员、事业单位人员以及企业职工之间构建更加合理的养老金待遇差距，等等，这些构成了包括事业单位在内的整个养老保险制度改革的关键。如果找到了这个规律，那么，事业单位养老保险制度改革就会顺利地推进，而不需要特别在意养老保险制度是否仍然保留碎片化，是否需要建立大一统制度。这就是说，各类职工究竟采取何种养老制度并不是根本，问题的实质就在于如何保证各类职工的养老金待遇更加公平、更可持续，各类人员的养老金待遇差距是否合理，这是增强或降低各类职工对养老保险制度认同的重要因素。

上述这些结论不仅构成了我们评判2008年以来的事业单位养老保险试点方案的价值尺度，也是我们进一步完善事业单位养老保险制度的重要考量。

第三章 事业单位养老保险制度改革方案评析

2008 年，国务院颁发了《事业单位工作人员养老保险制度改革试点方案》，2009 年 1 月，人力资源和社会保障部正式公布了该试点方案，并选择了山西、上海、浙江等五省市据此方案进行试点，以便总结经验，形成全国统一的制度安排。2015 年，国务院正式发布了《关于机关事业单位工作人员养老保险制度改革的决定》，全面实施机关事业单位养老保险制度的改革。那么，这两个政策文本的主要内容是什么，有哪些特点，它试图解决哪些问题，与以往的政策相比有哪些值得肯定的地方，它在试点过程中究竟遇到哪些无法解决的矛盾使得各试点省份进展不大、推进不畅，2015 年的改革方案有哪些值得进一步探讨的地方，等等，这些都需要我们深入分析，找出该《试点方案》及《决定》存在问题的症结，为提出更加具有公平性、持续性及可行性的事业单位养老保险制度提供坚强保障。

一 事业单位养老保险制度改革试点方案的主要内容

21 世纪初以来，随着科学发展观及和谐社会的提出，社会各界普遍要求建设更加公正的社会保障制度，形成完善的社会保障体系，促进各项民生事业更加公正的供给。党的十六届三中全会提出要"加快机关事业单位养老保险制度改革"，完善机关事业单位离退休人员离退休费的计发办法。2007 年召开的"十七大"提出要"加快建立覆盖城乡居民的社会保障体系""促进企业、机关、事业单位基本养老保险制度改革"。按照全会精神，为了保证事业单位养老保险制度试点改革的顺利进行，促进各类人员的合理流动，保障这类人员退休后的基本生活，国务院于 2008 年初通过了《事业单位工作人员养老保险制度改革试点方案》。其主要内容如下：

首先，此次公布的《试点方案》明确了试点范围及适用对象。根据国发〔2008〕10 号文，国务院选择了山西、上海、浙江、广东、重庆等五省市进行试点。为了便于推进这场改革，这些省市在进行试点改革之前必须要对其事业单位加以分类改革，确定哪种类型的事业单位进行养老保险制度改革试点。

从 2007 年浙江省公布出来的改革意见来看，事业单位可分为"监督管理""社会公益""中介服务"以及"生产经营"等四类①，其中"监督管理"类要逐步划转为行政机构；"社会公益"类事业单位由政府举办、面向社会提供公益服务，为政府行使职能提供支持和保障，它不以营利为目的；"中介服务"类事业单位则依据市场准则进行自我约束和自我管理；而"生产经营"类事业单位直接面向市场从事生产经营和开发活动。根据浙江省的改革精神，"中介服务"类及"生产经营"类事业单位要逐步实行"转企改制"，取消事业单位编制，退出事业单位管理序列，这类单位员工全部参加企业职工养老保险制度。2010 年 2 月，广东省出台的《事业单位分类改革的意见》把事业单位划分

---

① 参见《浙江省事业单位分类工作指导意见》，浙编办〔2007〕32 号。

为"行政"类、"公益"类以及"经营服务"类三类，其中只有"公益类"事业单位进行养老保险制度的试点改革，而"行政"类事业单位要与机关或其他事业单位合并，"经营服务"类事业单位则要改制为企业①。2011年，上海市出台的《关于分类推进事业单位改革的实施意见》也把它划分为"行政职能""生产经营"以及"公益服务"三类，参加事业单位养老保险试点改革的局限在"公益服务"类事业单位，上海市的"实施意见"看到了企业、事业及机关人员的养老金待遇差距过大问题，较早地提出要"统筹考虑"这三类人员的"养老金待遇水平"。总体上看，这些试点省份实际上都是把"公益"类事业单位纳入到养老保险改革试点范畴中。

其次，《试点方案》提出要按照城镇企业职工养老保险制度建立社会统筹与个人账户相结合的公益类事业单位人员养老保险制度。其中，基本养老保险费由单位和个人共同负担，单位缴费一般不超过单位工资总额的20%，个人缴费为本人缴费工资的8%。个人缴费基数按照当地在岗平均工资的60%—300%之间选择。在具体试点过程中各地又有所不同。比如广东省不分地区统一按照省平均工资作为缴费基数，由于潮州、汕头等地的社平工资达不到省平均工资水平，因而相对个人而言缴费额度较大②，而对于深圳、广州等地的事业单位人员来说，缴费基数又显得偏低。《试点方案》规定个人账户最终按照本人缴费工资的8%建立，从3%做起，逐步达到8%，其中广东省直接按照8%建立个人账户。浙江省在具体试点过程中把那些没有参照《公务员法》管理的事业单位全部纳入到事业单位养老保险制度改革范围，并按照8%直接建立个人账户。其他省份也有所差别。

---

① 参见《广东省事业单位分类改革的意见》，粤发〔2010〕6号。
② 根据2014年1月23日课题组第二次赴汕头潮州与当地社保部门的干部访谈所得。

再次，按照老人、中人及新人三种情况界定那些纳入到试点范围的事业单位人员所应得的养老金待遇。国务院 2008 年的《试点方案》规定，"试点方案"实施前就已经退休的叫"老人"，《试点方案》实施前参加工作、实施后逐步退休且个人累计缴费满 15 年的为"中人"，而《试点方案》实施后才参加工作、个人缴费年限累计满 15 年的为"新人"。其中，"老人"仍然按照原标准发放退休养老金，并按照规定"参加国家统一的基本养老金调整"，这体现了政策的延续性。"中人"在发放基础养老金和个人账户养老金基础上再发放过渡性养老金，以补偿在此阶段的退休人员因为缴费时间短而带来的养老金收益损失。对这两类人员实行这样的改革措施目的就是减少改革震荡。而对于"新人"则完全按照社会养老保险办法计算退休养老金，它由基础养老金和个人账户养老金两部分构成，由于单位交缴比率高于企业，因此，此次的《试点方案》在一定程度上保障了这类"新人"退休养老金待遇不至于下降太多。另外，《试点方案》对于基金管理与统筹、保险关系转移与接续以及养老保险社会化管理与服务等问题也做出了规定。

应该看到，2008 年国务院颁发的《试点方案》虽然还存在着许多问题，有的省份甚至并没有很好地进行试点，因而谈不上形成所谓的经验。但它仍然是一个制度内容相对比较全面、政策目标较为清晰的制度设计。透过各地的试点，该《试点方案》具有以下四个特点。

一是改革方式的渐进性。此次颁布的《试点方案》隐含着分类实施、稳步推进、逐渐扩大的思维方式。它明确指出，该《试点方案》适用于分类改革后从事公益服务的事业单位及其工作人员。也就是说，并非所有的事业单位人员都纳入到改革范畴中，要进行事业单位养老保险制度改革试点首先要对事业单位人员进行"瘦身"，将行政类及经营服务类事业单位人员剔除出来，只对公益类事业单位进行养老保险制度的试点改革。不仅如此，为了确保该方案的平稳执行，人力资源和社会保障部于 2009 年确定五个省份作为改革试点，待取得经验后逐步向全国推广，"逐渐扩大""稳步推进""稳中求进"的意味非常浓厚。这种改革思路具有鲜明的渐进性特点，它试图减少改革阻力，降低改革难度，遵循着中国经济社会体制改革的一般思路。

二是制度设计的整合性。碎片化是很多学者对中国养老保险制度现状的共同评价，也是对各类养老保险制度的概括。社会各界对此意见较大，反映较为强烈，改革碎片化、促进整合化是此次事业单位养老保险改革的重要方面。为此，《试点方案》采取社会统筹与个人账户相结合的设计模式，这一制度模式从设计初衷来看它体现了与企业职工基本养老保险制度模式的衔接性与整合性，它意味着国家对现行的"社会统筹与个人账户"相结合模式的肯定，在缴费年限、缴费比例、统筹层次乃至养老金计发办法等方面体现出与企业职工相同的理念。这不仅为事业单位人员与企业职工养老保险制度的整合提供了可能，也为未来机关公务员退休养老制度的改革提供了方向，昭示着城镇各类职工养老保险制度改革的总体方向，那就是：城镇各类职工养老保险制度可以在普遍建成的基础上按照"统账结合"模式加以"普遍整合"，以便促进各类人员养老保险制度更加公正地发展。

需要注意的是，整合性集中体现在针对机关、事业及企业三类职工的退休养老制度都按照统账结合模式进行，采取社会养老保险制度，体现在三类人员的养老金计发办法大致相同。当然，它并不意味着三类人员只实行同一种养老保险制度，更不意味着他们的养老金待遇没有差别。所以，整合是包含着差异性、体现多样性与具体性的整合，整合更多的是制度原理及制度模式的整合。

三是养老金待遇平稳过渡性。养老金待遇是养老保险制度改革的核心与关键点。民众实际上并不太在乎养老保险制度是否"碎片"或"一统"，绝大多数民众不可能分清何种制度更为合理，他们也不可能论证出何种方案更加科学，他们更多地关注自身所获得的养老金待遇是否受到影响，他们自身的养老金是增加了还是减少了，与其他阶层相比自身所获得的养老金待遇是否更加相对公平。如果改革后的养老金待遇与改革以前差距不大，如果改革后所获得的养老金与其他阶层相比更加合理，或者如果改革后他们的养老保险缴费负担下降，他们就会支持这样的改革，反之，民众则难以接受这样的改革方案，他们就会设法阻挠这场改革。因此，此次《试点方案》采取"老人老办法、新人新办法、中人逐步过渡"的策略，并对事业单位加以分类，就是在保证各类人员所获得的养老金待遇能够平稳地过渡，期望能够减少改革阵痛，最大限度地增进民众对这场改革的认同。

四是职业年金的强制性。与企业职工养老保险制度所不同的是，此次施行的《试点方案》明确提出被改革的事业单位要建立职业年金制度，形成多层次养老保险体系，保障这类人员退休后的生活水平不致下降过多。职业年金由此成为《试点方案》不可分割的一个有机整体，具有法律上的强制性，各试点改革的事业单位必须为员工缴纳职业年金，职业年金的单位缴费部分由财政支付，缴费比例由原劳动保障部会同财政部、原国家人事部另行制定，这就保证了职业年金能够顺利建立起来。因而它与非强制性的企业年金不同，因为企业年金是一种补充养老保险，具有非强制性特点，企业年金要根据企业自身效益的好坏以及自身的意愿决定是否参加。从某种程度上看，正是由于企业年金没有普遍性地建立起来，使得企业职工的养老金收入将会大大低于机关事业单位人员。此次改革就是借职业年金的建立保证事业单位人员的养老金替代率仍然可以维持在一个较高的水准上。

二 事业单位养老保险制度改革试点方案存在的问题

2009 年，五个试点省份根据《试点方案》出台本地区的实施意见，相继进行了试点改革。由于国务院的这个《试点方案》本身还存在着一些问题使得各地试点进展不够顺利，很多地方并没有"动真格"，一些省份在试点的时候又出现了新的问题。这些问题主要集中在五个方面：

一是以分类改革为前提并没有解决好制度整合问题。各类人员的退休养老制度整合性差、养老保险制度碎片化所导致的养老金待遇差异化是我国整个退休养老制度的重要特征，社会各界对此反响较为强烈，它成为党和政府深化养老保险制度改革的重点及目的所在。在某种程度上我们可以这么认为，能否解决碎片化、能否使各类人员的养老金待遇差距控制在较为合理的范围内成为检验事业单位养老保险制度改革是否成功的重要标志。可是，2008 年的《试点方案》依然体现着较为浓厚的制度分割思想。

一方面，《试点方案》强调它适用于"分类改革后从事公益服务类事业单位及其工作人员"。它意味着这些省份在进行试点改革前必须要对事业单位进行分类改革，将第二类事业单位中的一部分，即"资源可部分市场配置并面向社会提供基本公益服务"的公益类事业单位及其工作人员纳入到养老保险改革范畴中，这类人员主要涉及医疗卫生部门和各类学校的职工，显然这样的《试点方案》不仅没有解决养老保险制度碎片化问题，甚至可以说形成了新的"制度碎片"，而且产生了"相对剥夺感"以及职业优越感："行政"类事业单位可以归并到机关公务员系列而免遭改革，他们将来仍然按照退休制度领取退休金，享受养老金双轨制的好处；"经营"类事业单位直接与企业职工社会养老保险制度合并，这场改革的公平性由此受到普遍质疑。

例如，有关研究显示，截至 2008 年年底，我国公务员、事业单位人员月平均养老金分别是企业退休职工的 2.1 倍及 1.8 倍①，且公务员养老金增幅远高于事业单位人员，这种针对中间状态的事业单位养老保险制度改革其目的不够明显，改革所倡导的公平取向难以令人信服。反过来，如果不把公务员纳入社会养老保险，其实对他们而言也会产生种种不利风险。我们对一位曾经担任厦门某区人社局负责人进行了访谈，他说："确实需要对公务员的养老问题进行保障，否则一旦由于种种意外因素，个人的公务员职位被取消，他们的养老等福利项目将全部失去。这对他们来说确实存在一定的风险。"②

另一方面，《试点方案》强调要为事业单位基本养老保险基金"单独建账"，与企业职工基本养老保险基金"分别管理使用"，这就意味着把原来隶属于公务员局或人事局管理的机关事业单位退休养老工作一分为二：机关公务员以及行政类事业单位人员的退休养老问题仍然由公务员局或人事局管理，公益类事业单位人员的养老问题由社保局单独建账管理，管理机构的碎片化问题自然没有得到解决，甚至还增加了管理人员，产生了新的管理成本。因为根据该《试点方案》及国务院 2008 年的"通知"精神，由于试点改革后将使得部分事业单位人员的养老保险业务转移到社保经办机构，这就需要"适当充实社会保险经办机构工作人员和经费"③。这种碎片化的试点改革加剧了人们的不公平

---

① 财政部财政科学研究所课题组：《我国事业单位养老保险制度改革研究》，《经济研究参考》2012 年第 52 期。

② 资料来源：2012 年 1 月 11 日，课题组在厦门某区社保局、民政局的访谈所得。

③ 国务院：《事业单位工作人员养老保险制度改革试点方案》，国发〔2008〕10 号，2008 年 3 月 14 日。

感，在一些地方，人们为了应对这场改革，很多事业单位人员申请提前退休[①]。

不仅如此，以分类改革为基础也难以从根本上减轻财政负担压力问题。根据 2008 年的《试点方案》，财政可以不支付那些经营服务类事业单位人员的养老金，而行政类以及公益服务类事业单位人员所产生的巨额养老金财政负担问题仍然没有解决，这部分群体依然享有不缴费就可以领取养老金的特权，他们的养老金支出全部由财政负担。另外，行政类事业单位人员"参公"改革、划归到公务员之后他们的退休养老金待遇将比以前更高，这无疑又增加了财政支出负担。数据显示，截至 2008 年，公务员退休人员每年养老金支出大约 700 亿元，均由财政全额拨款[②]，加上机关公务员退休养老金根据职级来定，他们的增长幅度较大，庞大的养老金负担对财政可持续能力带来了更大困难。

二是阻碍各类人员之间的流动，增加了事业单位养老保险制度改革的难度。增强流动性特别是促进人力资源的合理流动是养老保险制度改革的重要方面，但是，因为职工之间养老金待遇差距过大问题长期得不到很好的解决，形成了阶层的养老金待遇凝固化，不仅使得大学生、研究生对此类单位趋之若鹜，每年近千万考生报考公务员及事业单位人员岗位，造成人才资源的浪费，而且阻滞着机关事业单位向企业职工的职业流动，形成企业职工及事业单位人员单向流入机关公务员队伍，部分事业单位人员在退休前设法重回机关或转岗到行政类事业单位，避免受到试点改革的冲击。

我们的调查发现了一个典型事例。厦门市有位正处副局级机

---

① 《事业单位养老保险改革缓慢 广东掀起提前退休潮》，《中国经济周刊》2009 年 10 月 26 日。

② 财政部财政科学研究所课题组：《我国事业单位养老保险制度改革研究》，《经济研究参考》2012 年第 52 期。

关干部于 1998 年被调去国企当副厅级总经理，此人于 2007 年在国企总经理岗位上退休，在办理退休手续时发现企业退休和机关退休待遇差很多，甚至还不如他在机关正处级的退休待遇，遂产生了严重心理不平衡，要求组织部门将自己的养老关系调回机关单位，按照机关公务员待遇发放退休养老金。经过数次协调未果后最终走上了上访。从这个案例可以看出制度不衔接、养老金待遇差距会产生寻租。这意味着，现行的《试点方案》阻碍着机关及行政类事业单位人员到企业工作。这样的流动最多是一种单向度的流动，而不是双向的自由流动；最多是向机关事业单位的流动而不是向企业及市场的流动。

三是《事业单位工作人员养老保险制度改革试点方案》的基金管理办法违背了养老保险制度的宗旨。根据 2008 年公布的《试点方案》，"事业单位基本养老保险基金现阶段独立建账，与企业职工基本养老基金分别管理、使用"[①]。这就是说，试点改革后的事业单位养老保险制度仍然存在着多头管理、责权分离问题，社会养老保险领域内的"双轨制"或"多轨制"问题仍然没有解决，养老保险管理上的碎片化也没有得到解决。因为根据现行的《试点方案》，事业单位养老保险制度的管理、审核及发放等职能相互分类。其中，事业单位人员由人事部门管理，他们的个人缴费部分以及单位缴费部分由财政部门管理，他们退休后所获得的养老金则由社会保障部门核准、单独发放，加上政府的发改委、公务员局也要承担相应的管理职能，城镇各类职工的退休养老金问题涉及众多政府部门，这种多头管理的直接后果是管理机构重叠，责任分担不清，与整个养老保险制度改革所推崇的简单性、便捷性宗旨相背离。

---

① 国务院：《事业单位工作人员养老保险制度改革试点方案》，国发〔2008〕10 号，2008 年 3 月 14 日。

四是现行的《试点方案》导致养老金替代率下降，引起改革对象的普遍担忧。根据《试点方案》，事业单位人员"月基本养老金"由"基础养老金＋个人账户养老金"构成。其中，基础养老金＝（全省上年度在岗职工月平均工资＋本人指数化月平均缴费工资）／2×缴费年限×1％＝全省上年度在岗职工月平均工资×（1＋本人平均缴费指数）／2×缴费年限×1％。本人平均缴费工资指数＝（a1/A1＋a2/A2＋，…，＋an/An）／N（a1、a2、…，an 为参保人员退休前 1 年、2 年，…，n 年本人缴费工资额；A1、A2，…，An 为参保人员退休前 1 年、2 年，…，n 年当地职工平均工资；n 为企业及职工实际缴纳基本养老保险费年限)[1]。无论是缴费年限满 15 年还是试点后缴费年限不满 15 年的参保人员，其个人所获得的基础养老金替代率普遍较低。

现假定，被考察对象是一个处于平均收入水平的事业单位人员，缴费年限为 15—35 年，即 a1 ＝ A1，a2 ＝ A2，…，an ＝ An，其统筹账户的养老金替代率为 n％。那么，一个处于平均收入水平的事业单位人员养老金统筹账户替代率为 15％ —35％。其个人账户养老金＝个人账户全部储存额/计发月数＝8％×［a1×（1＋r）＋a^2×（1＋r）^2，…，＋an×（1＋r）^n］÷m/12（设定个人账户养老金每年收益率为 r，计发月数为 m）。

为了便于计算，假定事业单位人员每年工资增长率都为 g，且与 GDP 增长率相同均为 8％，初次入职年龄为 25 岁，结合近几年全国社保基金收益情况及个人账户以稳健型投资为主，假定 r＝6％，我们进行计算后发现，事业单位个人账户养老金替代率在 5.77％—18.98％ 之间，总和替代率在 20.77％—53.98％ 之间，远低于改革前平均替代率 80％ 的水平。

---

[1] 参见龚秀全《机关事业单位养老保险制度改革完善研究》，《华东理工大学学报》2011 年第 6 期。

例如，一个缴费 35 年的事业单位人员其基础养老金数额为 [（退休时上年度岗平工资 + 退休时上年度岗平工资 × 历年平均缴费指数化系数）/2] × 35%，此人 60 岁退休后个人账户养老金月发放标准为"个人账户储存额除以计发月数"，即 139 个月、11.58 年。理论上讲，此人到了 71.5 岁后他的个人账户养老金将用完，只能领取基础养老金。这一规定甚至可能比 1997 年 9 月国家人事部发布的《关于机关和事业单位工作人员养老保险制度改革的意见》还要苛刻。1997 年的"意见"规定"工作人员退休后基本养老保险个人账户储存额支付完毕时，其按个人账户计发的养老金，在财政预算安排和统筹的基金中支付，直至死亡"。另外，对于缴费年限不满 15 年的人员不仅不发放基础养老金，甚至还将个人账户储存额"一次性支付给本人，终止基本养老保险关系"①。这种简单地甩财政包袱式改革措施与社会保险所蕴含的建设精神相背离，更没有很好地解决这类人员的养老金待遇下降问题，民众对这样的改革自然反响强烈，很多人甚至提前办理退休手续。

五是部分地区的退休养老金待遇尚未与个人缴费结合起来。建立个人账户是此次针对公益类事业单位养老保险制度改革的重要方面，也是区别于以往退休养老制度的主要标志，其目的就是增强这类人员的参保意识，强化社会保险意识，鼓励多缴费多收益的制度设计理念，进而调动这类人员的参保积极性。但是，在具体试点过程中，有的试点省份对于个人缴费账户管理存在着一些问题。例如，上海市虽然设立了个人账户，但是这类人员退休后继续采用老的计发办法，个人所得到的退休金与个人账户没有直接关系，职工多缴少缴一个样。再如，广东潮州、汕头等地规

---

① 国务院：《事业单位工作人员养老保险制度改革试点方案》，国发〔2008〕10 号，2008 年 3 月 14 日。

定，事业单位人员退休后按照原来的退休办法领取退休金，潮州还规定市直事业单位人员的个人账户余额在退休时全额返还，而区县的则不予以返还①，也就是，同一个试点城市竟然实行两种不同的个人账户管理办法。再比如，山西省太原市为了鼓励参保，将事业单位人员的养老金计发月数从 139 下调到 120，试图最大限度地保证这些纳入到试点范围内的人员退休养老金待遇。

三　事业单位养老保险制度试点方案问题存在的原因

2008 年的《试点方案》在具体实施过程中所存在的这些问题直接导致各试点地区观望氛围比较浓厚，试点进程较为缓慢，不利于事业单位养老保险制度的深化改革。这就需要分析造成这些问题的制度原因，以便构建更加公正持续的事业单位养老保险制度体系。

第一，理论基础基本缺乏。事业单位养老保险制度改革方案在试点过程中所出现的这些问题原因很多，其中最主要的一条就是，我们不太重视中国社会保障理论的建设，尤其忽视如何建设公平、可持续的养老保障理论体系，一味地重视西方国家现成的社会保障理论，如国家干预理论、新自由主义理论或第三条道路理论，抽象地肯定西方国家这些理论体系中的公平理念、制度基础及模式框架，把它们简单地移植到中国事业单位养老保险制度的构建中来。另外，我们不重视从中国养老的文化与历史、新中国成立 60 多年的养老保险制度建设实践中分析问题，提出促进各阶层的养老金待遇更加公正合理的养老保险理论，因而没有能够提出促进养老保险制度持续发展的理论框架与理论体系。同

---

① 2014 年 1 月 24 日，本书课题组赴潮州调研访谈所得。

时，我们在改革过程中只是抽象地吸收了公平概念范畴，而没有从理论上回答并解决包括事业单位在内各类人员的养老保险制度究竟依据何种程度、何种形式、何种类型的公平，我们的制度设计如何避免发达国家养老保险制度所出现的内在矛盾性，等等。缺乏科学的理论作为指导，只能以规避养老保险制度在实践过程中所产生的具体问题为着眼点，"头痛医头，脚痛医脚"式地制定养老保险政策。

第二，指导思想不够明晰。理论基础较为缺乏直接导致整个方案在顶层设计的时候缺乏清晰的指导思想。例如，《试点方案》强调，事业单位养老保险制度改革就是要"根据分类推进事业单位改革的需要，逐步建立起独立于事业单位之外，资金来源多渠道、保障方式多层次、管理服务社会化的养老保险体系"①。这段文字表达了两层含义：一方面，事业单位养老保险制度改革是为了适应事业单位分类改革的需要，养老保险改革由此成为第二位因素，是服务于事业单位改革本身，因而就失去了养老保险制度改革的重要性与独立性，进而颠倒了事业单位分类改革与养老保险制度改革的逻辑关系。另一方面，事业单位养老保险制度改革要求"独立于事业单位之外"，但是它没有明确是否还要独立于企业，是否还要独立于机关，或者独立于事业单位但不独立于企业职工，或者独立于事业单位但不独立于机关，可以组合的选项很多，而文件及其后续的说明并没有清晰地解释。这表明，此次改革的指导思想不够明晰，所以就出现了各地在试点过程中关于覆盖对象的设定、个人是否缴费、缴费额度以及待遇计算等各个环节均不尽相同，有的涵盖机关事业单位全体职工，有的只覆盖到事业单位职工，还有的仅针对机关合同制工人；有的需要缴

---

① 国务院：《事业单位工作人员养老保险制度改革试点方案》，国发〔2008〕10号，2008年3月14日。

费，有的只要求"新人"缴费；有的按当地上年度职工社平工资缴费，有的则按省社平工资缴费。由此导致他们的缴费基数、缴费标准、账户管理、待遇支付等存在着较大的差异性，加剧了事业单位养老保险制度各省之间的不统筹、不整合、不衔接、难流转。

第三，制度顶层设计缺乏整合性。顶层设计是养老保险制度改革的关键，顶层设计科学了，养老保险制度改革才可能沿着正确的轨道更加公正持续地进行，反之，这样的改革只能背离初衷，遭到社会各界的反对。改革开放 30 年来，我国各类人员的退休养老制度业已普遍性地建立以来，社会各阶层反映比较大的不是养老保险制度的普遍性不够，各阶层也不太关注各种养老保险政策是否整合，他们更多地诟病养老保险制度特别是养老保险金待遇缺乏公正性，反对各个阶层之间的退休养老金待遇差距较大，反对选择性改革，这是我们进行顶层设计改革需要特别加以关注的地方，把各阶层之间的养老金待遇控制在科学、合理的范围内应该是我们进行这场改革的着眼点与着力点。

可是，围绕这个问题，我们发现到 2008 年《试点方案》为止，历次的改革均缺乏较为明确的制度安排与顶层设计。例如，1997 年的改革方案将机关及事业单位人员合并改革，而到了2008 年的《试点方案》不仅将机关公务员排除在改革之外，而且对行政类事业单位人员也加以公务员化，让这类事业单位人员也不参加试点改革。即便是 2011 年的《社会保险法》也强调公务员及参公人员的养老保险办法"由国务院另行规定"，为此，中组部当时还提出要"进一步完善公务员法配套法规，进行公务员社会保险制度前瞻性制度设计和试点"。这样的顶层设计让人感觉到公务员高人一等，他们不需要改革，他们的退休金最能得到保证，机关是高福利的单位，即使在事业单位工作的人员也应该设法挤进公务员队伍。毫无疑问，这样的制度设计必然遭到包括事业单位人员在内的各阶层普遍反对，各试点省份普遍性地消极应对这场改革。我们在各地访谈中，被访者问得最多的一个问题便是："为啥不改公务员的养老保险制度？"显然，这场试点改革已经被社会打上选择性改革的烙印，被人们认为是公平性不足的改革。

第四，《试点方案》的制定与实施缺乏民众参与，使得这场改革成了部分利益集团在养老金利益方面的自我组合与自我维护。按照政策制定的一般要求，公共政策是政府精英集团通过"自上而下"及"自下而上"等手段将他们的"价值观念"与"兴趣爱好"予以转化及"对象化"的过程①。无论采取何种手段或途径，政策制定时都必须征求相关阶层乃至对立阶层的意见，充分掌握并吸收这些阶层的态度、愿望与意见，必要时还要实行表决，以便最大限度地听取民意。问题就在于，迄今为止的事业单位养老保险制度改革试点方案在政策设计、政策出台、政策模拟、政策验证及政策试点过程中往往先由高等院校或科研院所的专家学者参与政府相关部门牵头的文件起草，再由政府部门在一定范围内征求意见，定稿后报上级主管部门审批后下发各地加以实施。其中虽然有调研与征求意见的成分，甚至也会征求普通民众的看法。但是，事业单位养老保险改革政策出台的民意基础不够扎实。这是因为：政策制定者本身就是一群公务员及事业单位人员，他们已经形成了一个利益共同体，对于涉及自身利益的改革心照不宣，努力保持自己团体利益的最大化。所以，我们不难发现，1997年的改革方案中将机关事业单位同步改革，而到了2008年的《试点方案》则改为事业单位中部分人员进行改革。于是，这些被改革对象——以知识分子为主的群体——运用

---

① 参见［美］托马斯·R. 戴伊《自上而下的政策制定》，吴忧译，中国人民大学出版社2002年版。

自己的方式反对这场改革：或提前退休，或发表相关否定性言论。

四　机关事业单位养老保险制度改革的全面实施

十八大以来，中央根据事业单位养老保险制度 20 年来的改革试点所出现的问题，把事业单位养老保险制度作为社会保障体系的一部分加以建设，明确提出要"以增强公平性、适应流动性、保证可持续性为重点，全面建成覆盖城乡居民的社会保障体系"。十八届三中全会决定"推进机关事业单位养老保险制度改革"，十八届五中全会提出要建立"更加公平更可持续的社会保障制度"，把它当成全面建成小康社会的"重要内容"。这就为全面深化改革事业单位养老保险制度提供了政策依据。为此，2015 年 1 月初，国务院正式下发了《关于机关事业单位工作人员养老保险制度改革的决定》，《决定》从 2014 年 10 月 1 日起对机关事业单位工作人员养老保险制度进行改革。

第一，《决定》明确了改革的原则与方针。强调机关事业单位养老保险制度改革要依据《社会保险法》的有关规定，坚持"全覆盖、保基本、多层次、可持续"方针，以"增强公平性、适应流动性、保证可持续性"为重点，逐步建立起独立于机关事业单位之外、资金来源多渠道、保障方式多层次、管理服务社会化的养老保险体系。为此，改革应该贯彻"公平与效率相结合""权利与义务相对应""保障水平与经济发展水平相适应""待遇水平相衔接"等原则。

第二，机关事业单位实行社会统筹与个人账户相结合，由单位和个人共同缴费。其中，单位缴纳基本养老保险费比例为本单位工资总额的 20%，个人缴纳基本养老保险费比例为本人缴费工资的8%，个人账户全部由个人缴费形成。同时建立待遇水平与缴费相关联，形成多缴多得、长缴多得的激励机制。同步建立职业年金制度，单位按本单位工资总额的8%缴费，个人按本人缴费工资的4%缴费。工作人员退休后，按月领取职业年金待遇。

第三，改革基本养老金计发办法。《决定》实施后参加工作、个人缴费年限累计满15年的机关事业单位人员，退休后按月发给基本养老金。基本养老金由基础养老金和个人账户养老金组成。退休时的基础养老金月标准以当地上年度在岗职工月平均工资和本人指数化月平均缴费工资的平均值为基数，缴费每满1年发给1%。个人账户养老金月标准为个人账户储存额除以计发月数，计发月数根据本人退休时城镇人口平均预期寿命、本人退休年龄、利息等因素确定；《决定》实施前就参加工作、实施后退休且缴费年限（含视同缴费年限）累计满15年的人员，按照合理衔接、平稳过渡的原则，在发给基础养老金和个人账户养老金基础上再发给过渡性养老金；而《决定》实施后达到退休年龄但个人缴费年限累计不满15年的人员的基本养老金计发比照《实施〈中华人民共和国社会保险法〉若干规定》执行。

第四，保障养老保险关系转移接续顺畅。参保人员在同一统筹范围内的机关事业单位之间流动，只转移养老保险关系，不转移基金；如果跨统筹范围流动或在机关事业单位与企业之间流动，在转移养老保险关系的同时，同步转移基本养老保险个人账户储存额，并以本人改革后各年度实际缴费工资为基数，按12%的总和转移基金，参保缴费不足1年的，按实际缴费月数计算转移基金。

五　小结

分析2008年国务院颁布的《事业单位工作人员养老保险制

度改革试点方案》以及 2015 年的《关于机关事业单位工作人员养老保险制度改革的决定》主要内容，我们发现，《试点方案》将行政类事业单位划归到机关单位，经营服务类进行企业改制、参加企业职工社会养老保险，以及参加试点改革的只涉及公益类事业单位人员，《试点方案》采取"老人老办法、新人新办法、中人逐步过渡"原则，试图最大限度地减少事业单位养老保险制度的改革阵痛，使得此次的《试点方案》试图具有改革渐进性、制度设计整合性、待遇过渡性以及职业年金设计的强制性等特点。

但是，现行的《试点方案》并没有解决制度碎片化及养老保险管理机构双轨制及多轨制问题，该《试点方案》存在着公益类事业单位人员的养老金待遇水平将大幅度下降，机关、事业及企业三类职工养老金待遇差距过大仍然没有很好地解决等问题，从而引发部分事业单位人员提前退休，增加了这项政策的试点改革难度，一些地方在试点过程中甚至采取退休金没有与个人缴费相挂钩的办法以规避这个方案所存在的先天性不足。产生这些问题的原因就在于养老保险理论基础较为缺乏，指导思想不够明晰，制度顶层设计缺乏整合，方案的制定缺乏民众的参与，使得改革成了部分利益集团在养老金利益方面的自我组合与自我维护。另外，受制于社会保障待遇刚性上涨这一规律的影响，这一政策有降低养老金待遇的嫌疑，因而遭到改革对象的普遍反对。因此，要想建立公平、可持续的养老保险制度体系就必须正视这些问题，展开深入的社会调查，切实解决这些矛盾。

而 2015 年的《关于机关事业单位工作人员养老保险制度改革的决定》在参保对象方面实行了机关、事业单位的全覆盖，避免了只改事业单位不改机关的选择性改革，在一定程度上得到社会的认可。同时，无论是机关还是事业单位人员都实行个人缴费，都采取统账结合模式，其制度设计原理与企业职工一致，有助于各类人员在不同单位之间的流动。不过，2015 年的改革理念仍然存在着机关事业单位与企业职工之间的横向公平不足问题，存在着养老保险缴费费率过高问题，而且职业年金的普遍建立在一定程度上扩大了机关事业单位人员与企业职工之间的养老金待遇差距。如何探索更加公平、更可持续的养老保险制度任重道远。

第四章 事业单位养老保险制度的试点探索

　　早在 1992 年，国家人事部就下发了《关于机关、事业单位人员养老保险制度改革有关问题的通知》，提出要按照国家、集体、个人共同负担原则，逐步改变退休金实行现收现付、全部由国家包揽下来的做法，在城镇各类职工中建立社会养老保险制度，① 并选择云南、江苏、福建等省市进行试点改革。这场改革逐渐波及全国十多个省份，虽经数次推动但试点改革总体进展缓慢。为此，2008 年国务院发布通知并于 2009 年确定五个省份进行试点，2012 年国务院再次决定开展事业单位养老保险制度的试点改革。那么，这些地方如何结合本地实际加以试点，他们在试点过程中遇到哪些问题，有哪些值得我们借鉴的经验，这对于进一步完善 2015 年国务院颁发的《关于机关事业单位工作人员养老保险制度改革的决定》有哪些有益的启示。

　　基于此，我们通过对江苏、上海、福建、广东、重庆等省市部分城市的调研，着重分析南京、上海、厦门、潮州、汕头、重庆六个城市的试点改革情况，试图从中揭示出事业单位人员养老

---

　　① 《关于机关、事业单位人员养老保险制度改革有关问题的通知》，人退发〔1992〕2 号。

保险制度改革共性特征，为完善事业单位养老保险制度改革、形成更加科学的改革方案提供深厚的社会基础与扎实的民意支撑。之所以选择这些地方，是由于除个别地方之外，这些城市经济基础相对较好，政府通过改革甩包袱的动因较小。另外，这些地方的民众思想较为开明，他们的就业选择更为理性，更加关注这场改革所带来的直接效用。同时，本书课题组与这些城市的相关部门联系较为密切，便于开展问卷调查及个案访谈。

一　南京市事业单位养老保险制度的改革

江苏省作为华东地区的一个经济大省，他们的事业单位养老保险改革最早可以追溯至 1993 年的《关于省级机关事业单位养老保险制度改革的批复》（苏政复〔1993〕70 号）。该文件明确规定从 1993 年 10 月 1 日起"在宁的省级机关、事业单位（含中央部属）中劳动合同制工人，从非在职人员中招收的聘用制干部以及驻宁的省属（含中央部属）自收自支事业单位的全体职工"采用"国家、单位和个人共同负担"的原则筹集机关事业单位养老保险资金，参加养老保险制度改革。当时，自收自支事业单位统一按照本单位全部在职职工工资总额的 22% 进行缴纳，个人则按每人每月 2 元或职工本人工资收入的 1% 缴费[1]；机关和其他事业单位中劳动合同制工人、聘用制干部的单位缴纳养老保险费的比例为本人工资收入的 20%，个人缴纳养老保险费的标准为每人每月 2 元[2]。客观地说，当时的"批复"并没有过多地涉及退

---

[1]　2001 年调整为"职工个人缴纳养老保险费标准为本人工资收入的 3%"。参见《江苏省劳动和社会保障厅关于调整省级机关事业单位和职工缴纳养老保险费比例和标准的通知》，苏劳社险〔2001〕28 号。

[2]　2001 年缴费标准调整为"单位按照本人工资收入的 22%，个人按照本人工资收入的 3%"。参见《江苏省劳动和社会保障厅关于调整省级机关事业单位和职工缴纳养老保险费比例和标准的通知》，苏劳社险〔2001〕28 号。

休养老金待遇计发问题。

15 年之后的 2006 年，江苏省出台了《机关事业单位离退休人员计发离退休费等问题的实施意见》（苏人通〔2006〕331号）。该《意见》规定，2006 年 7 月 1 日后机关事业单位离退休人员的养老金计发办法按照本人离退休前职务工资和级别工资或岗位工资和薪级工资之和全额计发或以工龄为依据按照一定比例计发，并就依据本人职务级别增加离退休费的办法进行了相关规定。为了剖析江苏省事业单位养老保险制度的改革情况，我们对南京市事业单位养老保险制度改革加以分析。

1. 南京市事业单位养老保险制度改革进程

1994 年，南京市首次发布了《机关事业单位实行养老保险制度改革意见》及其实施细则，确定在自收自支事业单位及国家机关和其他事业单位的部分职工中实行养老保险制度改革[1]，同时把机关事业单位中的劳动合同制工人（含临时工）、聘用制干部纳入到改革对象和范围中[2]。后来，南京市又扩大改革对象范围，将差额拨款的事业单位纳入其中，要求这类事业单位养老保险基金按照差额比例分别由市、区财政和单位自有资金解决，单位自筹部分在税前列支。[3] 在养老保险缴费比例上，1994 年的《改革意见》规定自收自支事业单位依据全部在职工作人员工资总额和离退休人员费用两项之和的23%缴纳，聘用制干部和劳动合同制工人由单位按其工资总额的23%缴纳，职工个人则按照本

---

① 《南京市机关事业单位实行养老保险制度改革意见》第二章第一条，宁政发〔1994〕184 号。

② 《南京市机关事业单位养老保险制度改革实施细则》第二章第一、二条，宁人字〔1994〕138 号。

③ 《关于在差额拨款事业单位实行养老保险制度改革的通知》第一、二条，宁人字〔1996〕73 号。

人工资额的 1% 缴纳。[①] 为了解决一些机关事业单位养老保险基金不能按期足额缴纳问题，1998 年南京市政府发布了《关于进一步加强机关事业单位人员养老保险基金征缴工作的通知》，明确养老保险基金征缴工作由社会保险经办机构会同税务、财政、审计和各专业银行共同负责。

2001 年，江苏省印发了《关于机关事业单位人员养老保险制度改革工作的意见》，提高了机关事业单位养老保险个人缴费比例，对养老保险基金的收缴、拨付与管理作了详细规定[②]。根据这个规定，南京市于 2006 年下发了《机关事业单位人员养老保险实施办法》，规定自收自支、部分由财政供款的事业单位全体工作人员，国家机关中合同制工人，全部由财政供款事业单位中的聘用合同制干部、合同制工人等，其单位与个人的缴费比例调整为 22% 和 5%。2012 年 1 月，南京市第三次出台相应文件——《事业单位人员养老保险实施办法》，对事业单位人员的养老保险的参保范围和缴费基数、缴费比例、支付方式和支付范围、基金管理进行了改革，该《办法》的适用对象为"自收自支事业单位及职工、差额拨款事业单位及职工、全额拨款事业单位及职工"，单位按单位缴费基数的 23% 缴纳养老保险费，个人则按照本人工资总额的 6% 缴费。[③]

2. 南京市事业单位养老保险制度的主要特点

结合南京市三次出台的相关政策，根据调研，南京市事业单位养老保险制度的改革呈现出四个鲜明的特点。

---

① 《南京市机关事业单位养老保险制度改革实施细则》第二章第三条，宁人字〔1994〕138 号。

② 《关于机关事业单位养老保险制度改革工作的意见》第二、三、四条，苏劳社会〔2001〕35 号。

③ 《南京市人民政府关于印发南京市事业单位养老保险实施办法的通知》第七、十七条，宁政规字〔2012〕1 号。

第一，参加养老保险的对象不断扩大。早在事业单位人员养老保险改革之初的 1994 年，南京市只把自收自支事业单位及机关事业单位劳动合同制工人、聘用制干部职工纳入到改革范围内，当时的改革并没有涉及全额拨款单位人员以及差额拨款事业单位人员，更没有牵涉到公务员这个阶层。1996 年，南京市将差额拨款事业单位纳入进来。到了 2006 年进一步扩大了事业单位养老保险制度的参保范围，将自收自支、部分由财政供款事业单位的全体工作人员、国家机关中的合同制工人，全部由财政供款事业单位中的聘用合同制干部、合同制工人，都纳入到养老保险改革中。2012 年，南京市继续扩大参保对象，把中小学校等原先不用缴纳养老保险费的全额拨款事业单位人员也纳入进来。至此，南京市的养老保险改革基本上覆盖到所有事业单位的所有人员，使得参加养老保险改革的事业单位人数不断增加。由于江苏省的改革主要集中在省直机关及南京等少数几个城市，加上南京市的各项数据难以获取，我们可以从图 4 - 1 江苏省机关事业单位养老保险参保人数变化情况窥见南京市参加事业单位养老保险制度改革的人数变动情况。

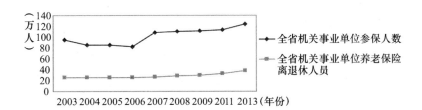

图 4 - 1 2003—2013 年江苏省机关事业单位人员参保情况①

① 数据来源：由 2003—2007 年度《江苏省劳动与社会保障事业发展统计公报》、2008—2013 年度《江苏省人力资源与社会保障事业发展统计公报》整理而得。

第二，养老保险缴费基数及缴费比例逐步得到优化。1994年，南京市的事业单位养老保险改革方案中，事业单位职员的缴费工资总额包括"职务工资""岗位目标管理津贴"和"职务岗位津贴"三部分①，它构成了事业单位人员养老保险的缴费基数。2012年的南京市《事业单位人员养老保险实施办法》对此进行了调整，规定事业单位职工的养老保险缴费基数为本人工资总额，用人单位以职工的缴费基数总额缴费。② 职工工资总额包括"岗位工资、薪级工资、特殊岗位津贴补贴、基础性绩效工资、奖励性绩效工资以及其他工资性收入"等，其中，基础性绩效工资按人力资源和社会保障部门审批的标准核定，奖励性绩效工资按其占绩效工资规定的比例核定，其目的就是为了确保同等条件的事业单位职工缴费水平一致，其退休待遇基本一致。③

在单位和个人缴费比例方面，南京市1994年的改革《方案》要求统一养老保险基金筹集标准，采取单位和个人共同负担的办法，自收自支事业单位依据全部在职工作人员工资总额和离退休人员费用之和的23%缴纳，在职职工个人按本人工资额的1%缴纳④。2006年的《实施办法》第十七条规定缴费单位按应缴纳养老保险费基数22%缴费，个人按本人缴费基数5%缴费。2012年的《实施办法》中用人单位和职工缴费比例在2006年基础上各增长了1%，同时建立职工个人账户，职工个人缴费记入个人账户，个人账户可以随人员流动而转移，这就强化了个人缴费意

① 《南京市机关事业单位养老保险制度改革实施细则》第一章第四条，宁人字〔1994〕138 号。

② 《南京市人民政府关于印发南京市事业单位养老保险实施办法的通知》第十六条，宁政规字〔2012〕1 号。

③ 《南京市事业单位养老保险制度改革方案解读》，http：//insurance. cngold. org/c/2012 - 01 - 11/c927344. html。

④ 《南京市机关事业单位养老保险制度改革实施细则》第二章第三条，宁人字〔1994〕138 号。

识。当然，单位缴费部分是否转移，或者事业单位向机关流动过程中个人账户如何转移这个文件并没有给出明确的规定。

第三，养老保险金支付方式更加灵活、支付范围扩大。1994年南京市规定，离退休（职）人员基本养老金的支付项目和计发比例，根据国家、省、市历年来有关政策规定执行。① 2006年的《实施办法》按照国家和江苏省政府规定的机关事业单位离退休人员离退休政策标准执行，个人达到法定退休年龄时，缴费单位应依法为其申办退休手续，由相关部门按管理权限和有关政策规定核定其应享受的退休待遇。② 2012年的南京市《事业单位人员养老保险实施办法》规定，职工达到法定退休年龄时，累计缴费年限满10年的按月领取养老金。事业单位离退休人员养老保险基金支付养老金的项目和标准，按国家和省规定的离退休费有关政策执行，包括"基本离退休费""特殊岗位津贴补贴"和"按绩效工资政策规定执行的生活补贴"等。③ 累计缴费满10年可按月领取养老金，使养老保险金支付方式更加灵活，更加具有激励性。

在事业单位养老金支付范围方面，2006年的《实施办法》规定，养老保险基金实行社会统筹后，离退休人员的政治、生活、福利待遇等仍由原单位负责管理。④ 2012年的实施办法强调，参加事业单位养老保险制度改革的人员因病或者非因工死亡的，其遗属可以按规定领取丧葬补助金和抚恤金，所需资金从养

---

① 《南京市机关事业单位养老保险制度改革实施细则》第三章第四条，宁人字〔1994〕138号。
② 《南京市机关事业单位养老保险实施办法》第五章第二十五条，宁政发〔2006〕109号。
③ 《南京市人民政府关于印发南京市事业单位养老保险实施办法的通知》第二十八条，宁政规字〔2012〕1号。
④ 《南京市机关事业单位养老保险实施办法》第二十七条，宁政发〔2006〕109号。

老保险基金中支付。这就扩大了养老金支付范围，使南京市事业单位退休人员的待遇不再受制于单位经济效益，确保退休人员每月按时足额领取养老金。

第四，事业单位养老保险基金监管更加完善。1994年事业单位养老保险改革规定，单位和个人缴纳的基本养老保险费转入市机关事业社保处在银行开设的养老保险基金专户，实行专项储存，专款专用。① 2006年出台的《办法》要求建立健全养老保险基金的会计、统计、审计和收支预算等管理制度，按时编制和报送会计和统计报表，并接受劳动保障、财政、审计部门的监督、审计，征缴的养老保险费纳入养老保险基金财政专户储存，实行收支两条线管理，专款专用，任何单位和个人不得挪用。② 2012年的《实施办法》仍然采取收支两条线管理方式对事业单位养老保险基金加以监管，养老保险基金出现支付不足时财政部门要给予补贴，并首次明确了罚则，指出养老保险经办机构及其他工作人员挪用或侵占养老保险基金的，按照管理权限，对主要负责人或直接责任人给予行政处分，情节严重构成犯罪的，依法追究刑事责任。③

3. 南京市事业单位养老保险政策存在的问题

1994年以来，南京市三次出台了事业单位人员养老保险政策，试图完善事业单位及其相关人员的养老保险政策，推进事业单位养老保险制度改革。但是，南京市事业单位养老保险政策本身还存在一些问题。

---

① 《南京市机关事业单位养老保险制度改革实施细则》第四章第一条，宁人字〔1994〕138号。

② 《南京市机关事业单位养老保险实施办法》第二十八、二十九条，宁政发〔2006〕109号。

③ 《关于印发南京市事业单位养老保险实施办法的通知》第四十七条，宁政规字〔2012〕1号。

第一，政策价值取向偏离公平理念。任何一项社会政策的制定都应秉承公平原则，作为牵一发而动全身的事业单位养老保险政策改革更应该注意公平取向。1994 年以及 2006 年南京市出台的政策名称上包含了"机关事业单位"，但整个政策内容更多地针对事业单位人员，甚至逐步延伸到全额拨款事业单位人员，机关单位只涉及合同制人员，机关公务员并没有纳入到改革中。2012 年颁布的政策更是直接将机关公务员这个群体排除在外。这样的政策安排非但不能解决养老保险制度碎片化，养老保险领域内的双轨制乃至多轨制问题仍将存在，而且引起社会各界尤其是事业单位人员的广泛质疑和内心不满，无法促进整个养老保险体系的公正发展。

第二，政策设计也没有解决替代率下降问题。南京市企业职工养老保险制度规定本级用人单位缴费比例（含招用的农民工）从 2011 年 1 月 1 日起统一调整为 20%，个人缴费比例为 8%。[①]而 2012 年的《机关事业单位实行养老保险制度改革意见》规定事业单位和个人缴费比例分别为 23% 及 6%，两种养老保险制度的缴费比例上没有大的区别。并且事业单位人员与企业职工的养老保险待遇计发办法也别无二致。这必然导致事业单位人员养老金待遇的普遍下降，事业单位人员养老金替代率将从现行的80%—90% 普遍下降到 50% 左右，如果没有职业年金的补充，势必降低事业单位人员退休后的福利水平，影响到事业单位人员退休后的生活质量。因此，在公务员退休养老制度没有同步改革下必然遭到事业单位人员的强烈反对和共同抵制。[②] 由图 4 - 2 可以看到，南京市事业单位在岗职工平均工资呈现逐年快速增长趋

---

① 《南京市企业职工基本养老保险市级统筹实施意见》第五条，宁政发〔2010〕193 号。

② 财政部财政科学研究所课题组：《我国事业单位养老保险制度改革研究》，《经济研究参考》2012 年第 52 期。

势，相较于在岗职工平均工资快速增长而言，养老金水平的增长速度明显不及平均工资的增长水平，由此造成事业单位人员养老金水平替代率低下的问题。

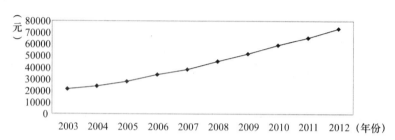

图 4 - 2　2003—2012 年南京市事业单位在岗职工平均工资水平

数据来源：由 2004—2013 年《南京市统计年鉴》整理而得。

第三，政策过程缺乏民主。政策过程缺乏民主是指在政策制定过程中，"没有充分听取民众尤其是利益相关者的意见"，甚至没有充分听取反对者的意见，没有让公众普遍地"参与到决策过程中来"①。政策过程缺乏民主影响政策质量，甚至降低政策制定的合法性。与其他地区的事业单位养老保险制度改革方式基本一致的是，南京市事业单位养老保险历次改革方案大多是在政府部门主导下出台，在"政策问题界定""政策议程建构"阶段没有采取问卷调查、公开征集意见、召开听证会等方式搜寻民众对该项政策议题的看法、态度及意见，在"政策规划和评估"阶段也没有征集并吸取民众对政策方案的意见与看法，整个政策设计更多地属于政府部门"自上而下的政策供给"，而全然不顾"自下而上的政策态度"，这样的政策过程自然难以得到改革对象乃至普通大众的认同。

---

① 颜佳华等：《公共决策研究——文化视野中的阐释》，湖南人民出版社 2005 年版，第 209 页。

第四，现行的实施方案没有解决好政策衔接问题。任何一项政策设计都是一个纵横交错的政策体系，它从来都不是独立运行的，需要处理好与过去政策的关系，也要处理好与其他相关政策的衔接问题，这是政策方案得到被改革对象认同、确保政策方案得以顺利实施的关键。从这个角度看，南京市事业单位养老保险政策改革既没用明确解决"老人、中人、新人"的过渡问题，也没有解决与公务员、企业职工基本养老保险政策的衔接问题。现行的事业单位养老保险实施办法没有科学地测算事业单位内部老人、中人及新人的缴费及待遇计发办法，也没用明确事业单位人员转变为公务员或企业职工，或者企业职工、公务员转变为事业单位人员后他们的养老保险关系如何转移接续，已有的缴费如何合并计算，养老金待遇如何计发，社会统筹部分如何转移与划拨等。在这种情况下，被改革者及其相关利益群体自然就会反对这样的改革，或者认为这场改革只是权宜之计。这就需要我们在完善事业单位养老保险制度的时候必须要考虑这些问题。

二　上海市事业单位养老保险制度的探索

上海是我国重要的经济中心，经济总量位居全国各大城市之首。2012 年上海市 GDP 达到 2.02 万亿元，人口 2380 万，非农人口占总人口的比重为 89.8%，户籍人口预期寿命达到 82.41 岁，各行业从业人员共 1115.5 万人，城镇登记失业率为 4.2%。在养老保险领域，2012 年全市参加城镇职工基本养老保险人数为 921.11 万人，参加个体工商户和自由职业人员养老保险人数为 26.87 万人，领取养老金人数为 378.40 万人[1]，参保率为

————————

[1]　参见《上海统计年鉴》（2013），http：//www.stats-sh.gov.cn/tjnj/tjnj2013.htm。

84.98%，抚养比为 2.5∶1。

由于上海经济社会基础较好，国内许多民生制度如最低生活保障线制度、工资保证金制度等最初就是在上海试点取得经验后推向全国。在事业单位养老保险制度改革方面上海也形成了自己的做法，形成了一些有益的经验，并成为全国五个事业单位养老保险制度改革试点城市之一。分析上海市的改革经验有助于我们全面了解这个制度的试点情况，推进全国事业单位养老保险的改革与完善。

1. 上海市事业单位养老保险改革情况

1993 年 2 月，上海市人大常委会第 41 次会议原则批准了《上海市城镇职工养老保险制度改革实施方案》，明确了本市党政机关、事业单位及各类企业职工等在内的所有劳动者实行"个人缴费，由国家、单位和个人共同负担费用"方法，建立起"基本养老保险、单位补充养老保险和个人储蓄养老保险相结合，个人储存与统筹互济相结合"的养老保险制度[①]。1994 年上海市颁布《上海市城镇职工养老保险办法》，为上海市事业单位养老保险制度改革方向及主要内容定下了基本轮廓。1998 年上海市对此《办法》进行了修订，2010 年，上海市结合国务院 2008 年颁发的《试点方案》修订自己的制度，形成了新的《上海市城镇职工养老保险办法》。该《办法》从普遍整合角度明确该《办法》适用于上海市范围内的机关、企业、事业单位及其在职人员与退休人员，要求这类单位及其人员实行国家、单位及个人共同承担养老保险费用的办法[②]。也就是说，2010 年上海市的制度设计并没有将机关、事业单位与企业区别开来，也没有单独改革事业单位养老保险，而是将这三类单位及其职工全部纳入到改革范畴中

---

① 参见《上海市城镇职工养老保险制度改革实施方案》。
② 参见《上海市城镇职工养老保险办法》第 2、4 条。上海市人民政府第 63 号令，1994 年 4 月 27 日。

同步推进改革，避免选择性改革所引发的各个阶层之间的不同步与不一致。该《办法》的施行，使这三类人员的养老保障变成了真正意义上的社会养老保险。

首先，从数量上看，2000—2009 年间上海市事业单位在岗职工人数呈现出逐渐减少趋势（见图 4-3）。事业单位养老保险与城镇企业职工基本养老保险总参保情况大致相同，两者都呈现出缓慢上升趋势（见图 4-4）。这一降一升说明上海市的事业单位人员逐渐参加社会养老保险制度。

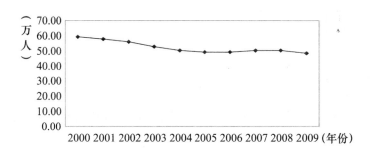

图 4-3　上海市事业单位在岗职工人数情况①

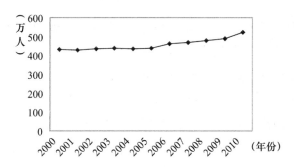

图 4-4　上海市城镇职工基本养老保险参保人数情况②

---

① 数据来源：根据《中国劳动统计年鉴》（2001—2010 年）整理而得。

② 由于 2011 年上海市根据《中华人民共和国保险法》的相关规定将原参加"小城镇社会保险"和"来沪从业人员综合保险"的从业人员一起并入城镇职工社会保险范围，因此本书将截取 2011 年前的数据作为参考依据。

其次，2000年至2005年间，上海市事业单位离退休人员平均养老金呈现出逐年上升趋势，相较于同期机关与企业离退休人员养老金水平而言处于中等水平，三类人员间养老金水平差距较大，其中，机关单位离退休人员养老金待遇最高，事业单位人员次之，企业职工养老金水平最低（见图4-5）。

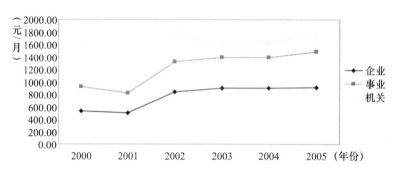

图4-5　2000—2005年上海市离退休人员平均养老金水平①

从工资水平上看，2000—2009年上海市企业、事业及机关单位在岗职工平均工资水平都呈现出逐年上升趋势，三类人员平均工资差距不大，机关单位人员最高，事业单位人员次之，企业职工平均工资最低（见图4-6）。由于统计口径的变化，上海市没有继续区别统计机关事业单位人员的工资及养老金等情况，我们只能计算2000—2005年间上海市三类单位离退休人员养老金替代率情况：三类单位人员养老金替代率呈现出先降后升趋势，机关养老金替代率最高，其次为事业单位离退休人员，企业最低，三类人员的养老金替代率数额差距较大；三类人员养老金替代率呈现出逐年下降趋势，机关与事业单位人员的养老金替代率差距缩小，但与企业职工的养老金替代率差距

---

① 数据来源：根据《中国劳动统计年鉴》（2001—2005年）整理而得。

仍然明显（见图4-7）。

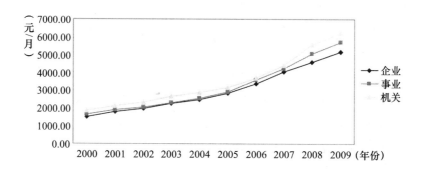

图4-6　2000—2009年上海市在职职工平均工资情况①

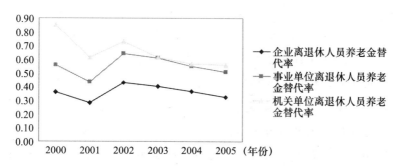

图4-7　2000—2005年上海市离退休人员养老金替代率变动情况②

2. 上海市事业单位养老保险改革的特点

总结21世纪初以来上海市事业单位养老保险制度的试点改革，我们可以得到如下三点启示。

第一，在顶层设计上试图实现事业单位与机关、企业职工养老保险制度的整合。上海市城镇职工养老保险在制度设计之初就对机关、事业及企业这三类人员采用统一的养老制度安排，三类

---

① 数据来源：根据《中国劳动统计年鉴》（2001—2010年）整理而得。
② 养老金替代率=离退休人员平均养老金/在职职工平均工资。

人员实行统一缴费基数、缴费比例和个人账户计发办法。也就是说，当时的制度设计并没有将机关、事业与企业区别开来，也没有单独改革事业单位养老保险，而是将这三类单位及其职工全部纳入到改革范畴中同步推进改革，避免了选择性改革所引发的各阶层之间的断裂，避免引发被改革者的普遍不满。这种制度设计蕴含着企业职工养老保险制度结构的合理性，体现了城镇各类职工养老保险制度安排的公平性，避免了不同类型单位之间劳动力流动过程中养老保险制度转换所带来的损失，有助于劳动力的自由流动。

第二，要求所有事业单位人员缴费，实现了权利与义务的相结合。权利与义务相结合是整个社会保险的核心要义，理当为事业单位养老保险制度所遵守。上海市机关事业单位养老保险制度从 20 世纪 90 年代初起便遵循单位和个人共同缴费原则，提倡个人缴费义务，体现了权利与义务相结合原则。事业单位内部所有人员统一缴费的做法避免了事业单位养老保险制度进一步碎片化。这与我国大多数省市实行机关事业单位个人不缴费做法形成了鲜明对比。其实，只有个人履行了相应的缴费义务才能够享有领取养老金的权利，这对于完善我国事业单位养老保险制度具有积极影响，值得职工养老保险制度的借鉴。

第三，采用个人账户分类计入办法体现了适度差异理念。上海市按照职工所在单位性质以个人缴费基数为基准的一定比例作为缴交比例，其中自收自支事业单位为 8%，全额预算事业单位为 10%，差额预算事业单位为 9%，体现了事业单位内部不同性质人员个人账户的差异性所在，增强个人缴费的积极性，因而具有一定的合理性，它成为上海市事业单位养老保险制度个人账户的特色。另外，按照上一年度全市在职人员月平均工资收入的 5% 记入个人账户，保证了所有事业单位人员此部分的个人账户数额相同，避免了事业单位内部不同性质单位员工个人账户间的差距过大。

这种适度差异性的个人账户划分办法实现了公平与效率相结合的设计理念。

3. 上海市事业单位养老保险改革存在的不足

应该看到，尽管上海市事业单位养老保险制度试点方案更具合理性，但是，该制度在试点过程中还存在着以下三个问题。

第一，没有很好地解决各类人员养老保险制度的整合问题。2008 年开始，作为国务院确定的五个试点省市之一，上海市按照试点方案规定，在事业单位分类制改革基础上参照统账结合模式对上海市事业单位养老保险制度进行分类改革。实际上，上海市事业单位养老保险一直都施行统账结合模式，企业、事业及机关等各类职工实行统一缴费基数、缴费比例和个人账户计发办法。然而，按照 2008 年的《试点方案》，在事业单位内部将按照资金来源进行养老保险制度切割式改革，此举是对上海市养老保险制度所坚持的普遍整合理念的自我否定，造成事业单位内部新的碎片化，这对于我国养老保险制度亟须向普遍整合方向推进其实是一种妥协或退步。

第二，基础养老金计发办法不明确，三类人员之间退休待遇差距依然比较明显。无论是 1994 年或者是 2011 年出台的养老保险制度，上海市只是简单设定了养老保险个人账户计算办法，而对于事业单位养老保险基础养老金的计发办法均未提及，事业单位养老金计发办法仍然按照国务院 1978 年《关于安置老弱病残干部的暂行办法》的规定执行，这就必然造成机关、事业及企业职工的退休养老金差距较大，形成不同性质单位人员间的心理落差，不利于养老保险制度自身建设。

第三，事业单位养老保险改革不彻底。以事业单位分类制改革为前提在实际操作过程中容易出现由于事业单位分类制改革的复杂性造成养老保险改革的不彻底问题。2011 年，上海市把事业单位划分为"行政职能""生产经营"及"公益服务"三类性质的单位，参加事业单位养老保险制度改革仅限于"公益服务"类。可是，事业单位本身职能的多样性使得一些单位在归类过程中产生了许多分歧，难以确保分类改革的合理性和公平性。这种以分类改革为前提的做法势必影响事业单位养老保险制度改革的公正性与持续性。

三　厦门市事业单位养老保险制度的改革

福建省是我国事业单位养老保险制度最早改革的省份之一。早在1992年，福建省就根据国务院的要求选择宁德地区的拓荣县作为机关事业单位养老保险制度改革的试点地区。1994年，省委省政府出台了《福建省机关事业单位工作人员退休养老保险暂行规定》，要求全省逐步建立机关事业单位养老保险制度，2002年出台了《关于省直机关事业单位工作人员养老保险有关问题的通知》，对参加省直机关事业单位养老保险的职工实施新的缴费标准①，后来又对参保职工在机关事业单位之间以及机关事业单位与企业之间流动的职工养老保险问题做出了规定，2013年在《关于进一步明确省直机关事业养老保险缴费基数等问题的通知》中再次明确养老保险缴费省直机关事业单位缴纳比例为25%，职工个人缴纳比例为8%。

到2008年，福建全省9个设区市、81个县（市、区）和省直单位都开展了改革试点，参保职工53.13万人，占全省机关事业单位工作人员88.4万人的60%左右。统计数据显示，这场改革并没有使机关事业与企业职工养老金之间的收入差距过度扩

---

① 此后又在2008年出台了《关于省直机关事业单位职工养老保险有关问题的补充通知》，在2009年出台了《关于进一步完善省直机关事业单位养老保险政策有关问题的通知》，进一步规范了省直机关事业单位养老保险的相关安排。

大。有数据显示，2008—2012 年，福建省机关事业单位离退休人员月平均养老金分别为 1791.44 元、2107.77 元、2179.58 元、2791.21 元以及 2830.47 元，同期企业离退休人员月平均养老金分别为 1039.31 元、1158.11 元、1212.99 元、1374.76 元以及 1565.62 元[①]，两者相差在 1.72—2.03 倍之间。这与机关事业单位及企业职工的月平均工资差距较小有着直接的关系。数据显示，2008—2012 年，福建省机关事业单位职工月平均工资分别为 2695.89 元、3091.75 元、3402.62 元、3944.51 元以及 4503.74 元，同期企业职工月平均工资分别为 1983.67 元、2207.58 元、2540.67 元、3091.83 元以及 3584.25 元，两者的差距在 1.26—1.40 倍之间。

为了深入研究福建省事业单位养老保险制度的改革情况，我们对厦门市进行了剖析。之所以选择厦门作为研究对象，这是因为，厦门市作为我国经济较为发达的沿海开放城市，一直重视社会保障制度的建设与完善，便于课题组搜集数据。另外，早在 20 世纪 90 年代厦门市就开始执行福建省有关文件精神，2003 年颁布了《市属国有事业单位改制的若干规定》（厦委办〔2003〕34 号），按照"政事分开、事企分开、分类改革"原则推进改革。次年又出台了《事业单位职工基本养老保险试行办法》（厦府〔2004〕178 号），对厦门市事业单位养老保险内容进行了规定。

1. 厦门市事业单位养老保险政策改革的出台

截至 2009 年底，2004 年颁布的《厦门市事业单位职工基本养老保险试行办法》已经覆盖了厦门市 1142 家事业单位以及 66

[①] 数据来源：《福建省统计年鉴》（2009—2013 年）。其中，机关事业及企业月平均基础养老金＝财政基本养老保险基金支出/期末领取基本养老保险离退休人数/12。

家参照公务员管理事业单位①，到 2012 年年底，厦门市 1452 家事业单位的 37069 名人员参加了改革。当然，根据此《办法》第 26 条，属于事业单位引进人才的人员其养老保险仍然按照原来的退休办法执行。另外，2004 年之前就已经离退休的事业单位人员同样不需要缴纳养老保险费。

在养老保险缴费方面，2004 年实行的《厦门市事业单位职工基本养老保险试行办法》把总费率确定为 22%，与上海市总缴费费率相同。其中，2004 年事业单位职工缴费率为 5%，单位缴费率为 17%。以后职工缴费率每年提高 1% 直至 8%；单位缴费率每年降低 1% 直至 14%。与上海市所不同的是，厦门市采取与企业职工同等费率缴费，强调参保者与企业职工应该承担相同的缴费义务。为了实现新养老保险制度的平稳过渡，厦门市制定的《试行办法》体现了"老人老制度、新人新政策"原则，2004 年 6 月 30 日之前在职事业单位职工、曾经在企业单位参加过养老保险、其缴费指数按实际缴费基数确认，原有个人账户合并计算；未参加养老保险其缴费指数按"1"计算。为此，厦门市按照本人缴费基数的 11% 建立个人账户，其中，职工的缴费全部划入个人账户，另从单位缴费中逐步划入 3%②。

厦门市 2004 年的《试行办法》将整个养老金划分为"基础养老金、个人账户养老金以及特区补贴"三部分。其中，基础养老金＝退休（职）时全市上年度职工月平均工资的 20%，个人账户养老金＝个人账户储存额的 1/120，当年的特区补贴为 30 元。另外，1997 年 6 月前参加工作的在职职工还会按月发给过渡

---

① 《2010 年厦门市统计年鉴》，http://www.stats-xm.gov.cn/2010/2010/main0.htm。

② 《厦门市事业单位职工基本养老保险试行办法》第 10 条，厦府〔2004〕178 号。

性养老金，其计发公式为退休（职）时全市上年度职工月平均工资×（本人平均缴费指数+0.25）×本人1997年6月前的累计缴费年限×1.3%[①]。通过这种计发办法，能够与企业职工的养老保险制度实现统筹与衔接，在一定程度上保证了事业单位人员基本养老金待遇水平不至于过度下降。

另外，为了强化事业单位养老保险登记及费用征缴，2004年4月，厦门市首次将整个社会保险费用的征缴工作移交给地税部门，由市地税部门负责全市包括企业、事业在内各类单位养老保险的登记及费用申报、征收工作，有力地解决了一户多码、参保人身份证号码重复、欠缴社会保险费等诸多问题，凸显了由地税部门统一征缴养老保险费的优势。

2. 厦门市事业单位人员养老保险试行情况

厦门市2004年的《试行办法》实施以来，市有关部门对事业单位及其在编职工数进行了逐一登记与核查，形成了较为可信的统计数据。统计表明，2004年7月全市有1452家事业单位、37069名在编事业单位职员，到2012年，事业单位在编人数已达76893名。根据地税征缴部门提供的数据，截至2012年12月，厦门市事业单位参加养老保险有1087家，交缴养老保险的职工12807人，通过厦门市社会保险管理中心发放退休金的事业单位离退休人员达到4375多人，其中女性2724人，占发放比重的62%，比重高于男性。但是，女性退休金平均数为4345元，低于男性4822元。具体情况如表4-1所示。

---

① 《厦门市事业单位职工基本养老保险试行办法》第15条，厦府〔2004〕178号。

表4－1　　2012年厦门事业单位退休人员退休金发放情况①

项目	参保单位	参保人数	离退休人数及平均退休金		
			合计	其中：男性	其中：女性
数量	1087家	12807人	4375人	1651	2724人
比重			100%	37.74%	62.26%
平均待遇			4647元	4822元	4345元

　　事业单位退休人员大多数是一些专业技术人员，他们受教育程度较高，前期人力资本投入也较大，这部分人员占退休人员的51%；其次是各类工人，占退休人员的24%，另外，行政人员占总数的8%，其他未定义身份人员占17%左右②。根据有关部门提供的数据计算发现，事业单位人员月平均退休金最高的为行政人员，5159元；其次是专业技术职员为4901元，普通工人仅为4109元，其他未定义人员为3502元③。从而显示出事业单位内部不同类型的工作人员所获得的养老金待遇也呈现出明显的不同。

　　从退休人员数量看，厦门市平均每年的退休人数总体较为均衡，每年新增人员维持在150—200人左右④，人员增减保持在一个比较平稳水平。具体见图4－8。就领取退休养老金待遇人数来看，经过2003—2006年的激增之后，厦门市各年份领取退休养老金人数呈现出缓慢增长态势，从2006年的3000人左右增长到2013年的近4000人。具体见图4－8、图4－9。

---

　　① 资料来源：根据厦门市社会保险管理中心养老科2013年养老待遇发放数据整理而成。

　　② 这部分未定义人员身份有干部和工人，在档案中没有明确标出。

　　③ 根据厦门市社会保险管理中心提供的数据计算而来，数据计算包含已退出领取养老待遇人员即死亡人员。

　　④ 2005年2000多人系由原机关社保并入人数，并非当年实际退休人数。

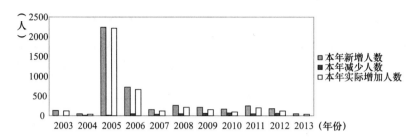

图 4 - 8　2003—2013 年事业单位退休人员增减人数①

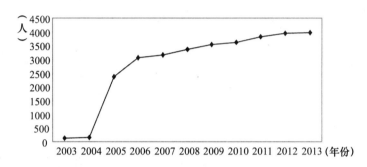

图 4 - 9　2003—2013 年领取退休待遇人数②

　　退休待遇关系到每位事业单位人员，它是事业单位养老保险制度改革成功的关键要素。民众是否支持改革，尤其是利益相关者是否支持改革主要就在于已有的退休待遇能否得到保证或不至于大幅度下降。

　　为了最大限度地减少改革阻力，厦门市规定，厦府〔2004〕178 号文实施前已在编的事业单位退休人员，其退休待遇低于原

---

　　①　图 4 - 8 数据 2013 年统计到 3 月 31 日。2005 年 2000 多人系由原机关社保并入人数，并非当年实际退休人数。2004 年至 2012 年环比增长率分别为：2004 年 29.51%，2005 年 1403.8%，2006 年 27.99%，2007 年 3.75%，2008 年 6.75%，2009 年 4.72%，2010 年 2.67%，2011 年 5.52%，2012 年 2.96%。资料来源：根据厦门市社会保险管理中心养老待遇发放数据整理而成。

　　②　2013 年数据仅统计到第一季度。资料来源：根据厦门市社会保险管理中心养老待遇发放数据整理而成。

计发待遇的，差额部分按原经费渠道解决。其中，属于财政核拨经费事业单位的由市财政全额转移委托市社会保险经办机构发放，财政核补经费事业单位的由市财政足额补贴并转移委托市社会保险经办机构发放，经费自给事业单位的由所在单位视自身经济状况补差。图4-10显示，2004年以来厦门市事业单位人员退休养老金处于平稳状态，平均增幅为0.34%，改革并没有降低他们的退休金。同期企业养老金平均每年增长幅度为13.5%，扣除物价指数均值4.17%，实际年均涨幅9%左右。图4-10还表明，厦门市企业、事业单位退休养老金差距总体上不断缩小。2006年事业单位月平均养老金为4418元，而同期企业仅为1164元，两者相差3.8倍；2012年事业单位月平均退休金为4517元，同期企业职工上涨到2270元，两者相差1.99倍。另外，以2012年厦门市公务员退休金中位数6800元/月计算①，三者之比为3.0∶1.99∶1。

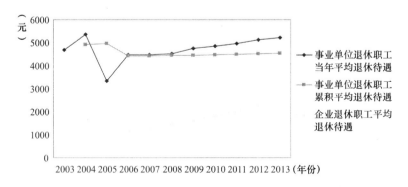

图4-10 2003—2013年企事业退休人员待遇比较②

---

① 厦门机关工作人员退休级别大部分为正科级、副处级、正处级，取中间值按副处级计算退休工资。

② 资料来源：根据厦门市社会保险管理中心养老待遇发放数据整理而成。

3. 厦门市事业单位养老保险改革经验及不足

以 2004 年颁发的《厦门市事业单位职工基本养老保险试行办法》为契机，厦门市在事业单位分类改革基础上确定了事业单位养老保险制度整合改革的基本框架，形成了许多有益经验。

首先，它试图体现权利与义务相统一。2004 年以来的厦门市事业单位养老保险制度改革强调了个人、单位和政府在养老保障中的责任，事业单位人员要与企业职工一样承担缴费责任，改变了过去事业单位人员无须缴费即可享受退休养老金待遇情况，有力地贯彻了事业单位养老保险改革所应遵循的权利与义务统一原则。同时，通过个人缴费还可以减少财政投入事业单位养老保险金，在一定程度上促进了事业单位养老保险制度的可持续性。

其次，重视制度的整合性与公平性。厦门市通过实行社会化管理办法将过去分散在各个部门的养老保险经办职责集中到社会保险经办机构，使其能够在政府部门的监督下对各类养老保险项目统一经办，实现了养老保险管理机构的整合。截至 2009 年年底，包括事业单位人员在内，厦门市累计接收 9.21 万名退休人员进入社会化管理，社会化管理率达到 99.0%[1]。同时，通过设立财政专户，将事业单位、企业及居民的基本养老保险基金收支的预算、决算统一纳入到市财政预算决算中[2]，体现了养老保险制度的公平性以及社保经办机构的整合性。

再次，重视过渡期养老保险政策的完善。养老保险制度的整合不可能一蹴而就，过渡期间的政策制定、过渡期限的设定就显得十分必要。厦门市规定，2004 年之前已经退休的事业单位职

---

① 《2010 年厦门市统计年鉴》，http://www.stats-xm.gov.cn/2010/2010/main0.htm。

② 参见《厦门市职工基本养老保险条例》（厦府〔2000〕54 号）第 20 条，《厦门市事业单位职工基本养老保险试行办法》（厦府〔2004〕178 号）第 19 条。

工不用缴纳费用，仍然按照原来的待遇和办法发放养老金。对处于过渡期的"中人"缴费及计发标准做了明确界定，努力解决厦门市的《试行办法》在实施前未缴费的事业单位人员个人账户问题，这类人员的空账资金由财政补助；厦门市的《试行办法》实施后则按照实际缴费时间计算缴费年限，视同缴费年限和实际缴费年限的总和即为缴费年限。为了保证这类人员的养老金待遇不至于降低，厦门市的《试行办法》还增加了 0.25 个缴费指数①。另外，厦门市采取税务部门统一代扣、代缴包括事业单位人员在内的社会养老保险费用，在做到收支两条线基础上确保了应缴尽缴。

当然，从长期来看，厦门市事业单位养老保险制度在改革中还存在着一些尚未解决好的问题。

一是财政支持体系不够完善，容易产生财政赤支。财政补助仅是厦门市事业单位养老保险制度过渡期政策，这种财政补助政策只能解决制度转轨时期所产生的改革成本，却没有考虑到如何缓解人口老龄化和社会转轨可能带来的养老金支付危机问题。例如，根据 2012 年厦门市地税征缴及社保部门公布的数据，厦门市事业单位缴纳养老保险在职人员与领取养老金人员的比例约为 3.22∶1，也就是说，平均每 3 名参加养老保险的在职事业单位人员供养 1 名退休人员。按照厦门市事业单位平均交缴基数 6800元计算，6800 元 × 22% × 3.22 = 4817 元，这刚好与一名退休的事业单位人员当月养老金持平。在实际操作中，职工缴费的 8%以及单位缴费的 3% 全部划入基本养老保险个人账户，这样，真正进入养老保险社会统筹的只有 79%②。这种收支平衡是以动用个人账户为代价。

---

① 参见《厦门市事业单位职工基本养老保险试行办法》第 13 条，厦府〔2004〕178 号。

② 计算公式为：（14% − 3%）/14% ≈ 79%。

　　二是事业单位职业年金制度没有普遍建立起来，难以保证事业单位人员养老金待遇不至于降低。厦门市企业年金制度于2004年5月就建立起来，虽然建立企业年金的企业数量不多，截至2011年4月只有315家单位①，不到全市规模以上企业总数的5%。然而，事业单位却没有建立起职业年金制度并加以有效监管。缺乏职业年金作为补充的事业单位人员的养老金待遇将会有所下降，这样的改革难以得到这类人员的认同。也就是说，要么尽快建立事业单位职业年金，要么寻求更为有效的制度设计，避免事业单位人员的养老金收入相对下降。

　　三是分类改革不是事业单位养老保险制度改革的前提。一些学者认为，事业单位养老保险制度改革与事业单位分类改革紧密相连，分类改革是事业单位养老保险制度顺利改革的前提，2008年国务院事业单位养老保险制度试点改革也是建立在事业单位分类改革基础之上的，目的就是减缓财政支付压力，减少改革阻力。而厦门市在没有实行分类改革的前提下就进行了事业单位养老保险制度，将所有事业单位纳入改革范畴有助于增强改革的公平性，减少改革阻力。从公平性角度看这一点值得肯定，也昭示着我们完全可以把事业单位作为一个整体全面推进养老保险制度的改革。

四　潮州市事业单位养老保险制度的改革探索

　　潮州是广东省东部沿海港口城市，1991年经国务院批准升格为地级市，下辖潮安县、饶平县、湘桥区和枫溪区。全市陆域面积3146平方公里，2013年全市常住人口达271.21万人②。2000

---

　　①　根据厦门市劳动和社会保障局公布的《批复年金制度申请的通知》等相关管理文件而成。

　　②　http://www.chaozhou.gov.cn/zrdl/index.jhtml.

年以来，潮州市经济发展呈现出不断上升态势，2013 年全市GDP 总量达 780.3 亿元。总体上看，经济增长速度低于广东省平均水平（见图 4 - 11）。

从财政收入情况来看，2013 年潮州市当期财政收入总额37.07 亿元，虽然增幅较大，但人均财政收入仅为 1367 元，远低于全省平均水平，而且也低于许多中西部地区的城市。因而它可以作为研究经济欠发达地区事业单位养老保险制度改革的代表。

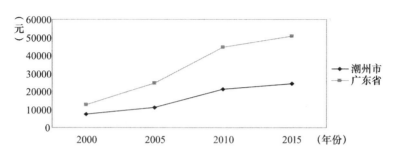

图 4 - 11　2000—2015 年广东省及潮州市人均 GDP 变动情况①

1. 潮州市事业单位养老保险改革情况

1994 年，广东省颁发了《关于实行机关事业单位工作人员个人缴纳养老保险费制度的通知》（粤府〔94〕90 号），要求从1994 年 8 月 1 日起，全省党政机关、事业单位、社会团体（含中央和军队驻粤单位）的工作人员，均须按月缴纳社会养老保险费，从此广东省事业单位人员的退休养老制度开启了个人缴费窗口。1996 年，广东省颁布了《机关单位工作人员社会养老保险试行方案》，要求全省各级机关单位及其工作人员从 1996 年 7 月1 日起均实行社会养老保险制度，机关单位按不低于工资总额2% 的比例计缴，个人按本人工资收入的 3% 计缴。机关工作人员

① 资料来源：根据广东省及潮州市相应年份的统计年鉴整理而得。

退休后按新制度计发基本养老金和补充养老保险金。其中，基本养老金包括"基础养老金""附加养老金"和"个人专户养老年金"三个部分，而补充养老保险金则包括统一发给退休人员的各种"津贴"与"补贴"。这两个文件的颁发，昭示着广东省将机关、事业单位的退休养老统统纳入到改革范畴中。

潮州市根据《广东省职工社会养老保险暂行规定》及上述两份文件的精神，结合本市实际情况，于 1997 年颁布了《潮州市机关事业单位工作人员社会养老保险方案（试行）》（潮府办〔1997〕10 号），要求各级机关事业单位及其工作人员均须参加社会养老保险，按规定缴纳养老保险费。其中，单位缴费基数以其员工上年度月平均工资总额的 34.3% 计缴，员工则以本人上年度月平均工资总额 3% 计缴，那些缴纳养老保险费年限累计满 10 年、达到法定离退休年龄的人员可以享受"基本养老金""补充养老保险金""一次性老年津贴""丧葬费"和"遗属生活困难补助费"等待遇。由于潮州市的区、县级财政较为困难，因而在实际执行中只有市直机关事业单位执行这个改革方案，区县一级的暂缓执行。另外，潮州市 1997 年的改革方案所规定的养老金计发办法也比较复杂，加上当时其他省市的事业单位养老保险制度改革并未真正推进，潮州市推进事业单位养老保险制度改革过程中面临着较大的社会压力，事业单位退休养老金计发办法被迫于 2003 年取消执行，这类人员的退休养老金重新按照 1978 年国务院《关于安置老弱病残干部的暂行办法》执行，市直机关事业单位人员退休时其个人账户余额均可以一次性领回。但个人及单位均需缴费这一做法仍然继续下去，较高的缴费比例增加了潮州市的财政负担。

为了解决这个矛盾，潮州市根据广东省事业单位分类改革的意见①，于 2010 年 10 月全面启动事业单位分类改革工作，将全

---

① 参见《广东省事业单位分类改革的意见》，粤发〔2010〕6 号。

市范围内 1830 多家事业单位划分为"行政"类、"公益"类和"经营服务"类。其中，"行政"类事业单位参照机关单位养老保险模式进行，"经营服务"类事业单位要转为企业，它与"公益"类事业单位一样按照企业职工社会养老保险办法执行①。同时，为了平衡市直机关事业单位养老保险基金收支，潮州市多次上调市直机关事业单位养老保险单位缴费比例，2014 年初潮州市又在 2007 年单位缴费比例 38% 的基础上调至 48%，以缓解市直机关事业单位养老保险基金压力，试图保证事业单位养老保险改革能够持续下去。

2. 潮州市事业单位养老保险改革特点

经过近 20 年的改革，潮州市事业单位养老保险制度的改革呈现出以下态势，形成了三个特点：

第一，事业单位人员参加社会养老保险的人数虽然稳步增长，但是参保率较低。从绝对数量上看，2003 年全市参保的事业单位人员为 29648 人，2011 年上升到 33943 人，年均增幅近 2%（见图 4 - 12）。

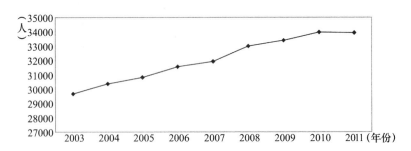

图 4 - 12　2003—2011 年潮州市事业单位参加社会养老保险人数②

---

① http：//news. chaoren. com/global/20101005 - 25875. html.
② 数据来源：根据潮州市相关年份的统计年鉴整理而得。

伴随着潮州市事业单位参保人数的增长，领取退休金人数不断增加，2013 年潮洲市直 134 家事业单位的 2951 人领取退休金（见表 4 - 2）。同时，该市事业单位养老保险参保率虽然有所提高，但整体参保率低不及 30%，有的年份有所下降①，主要原因在于区县一级的事业单位改革较为缓慢（见图 4 - 13）。

表 4 - 2　　　　　2011—2013 年潮州市事业单位退休人数②

年份	退休人员总数（人）	领取退休金人数（人）
2011	2737	2737
2012	2837	2837
2013	2951	2951

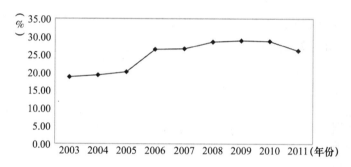

图 4 - 13　2003—2011 年潮州市事业单位人员养老保险参保率情况③

第二，从缴费情况来看，市直事业单位按照统账结合模式、采取单位与个人共同缴费办法进行，单位需要以其职工基本工资总额的 48% 进行缴费。由于潮州地区尤其是区县一级的人均 GDP 及人均财政收入偏低，财政无力为事业单位工作人员缴纳单

---

① 参保率 = 事业单位历年参加社会养老保险人数/事业单位当年在岗职工总数 × 100%。

② 数据来源：根据本书课题组实地调研资料整理而成。

③ 同上。

位应缴的养老保险费用，各事业单位暂缓缴交养老保险费。就个人缴费部分而言，市（区、县）等所有事业单位个人均按照其本人上年度月平均工资的8%缴纳，此费率与潮州地区的企业职工缴费费率相同。也就是说，受制于较低的财政收入，潮州市的事业单位养老保险单位缴费部分实行差别化管理，市直事业单位需要交纳本单位应缴的养老费用，而区县则予以免交。

第三，从退休金发放上看，近十年来，潮州市事业单位人员退休养老金增长幅度不大，2011—2013 年潮州市事业单位退休职工累计平均退休金分别是 1465 元/月，1487 元/月及 1875 元/月，只有 2013 年增幅较大。同时，比较发现，该市机关、事业单位及企业三类人员的退休养老金相差不大，最高与最低相差不到 2 倍，有的年份如 2013 年，事业单位退休人员月平均退休养老金甚至还高于机关公务员的退休金（见图 4 - 14）。养老金待遇普遍处于较低水平。

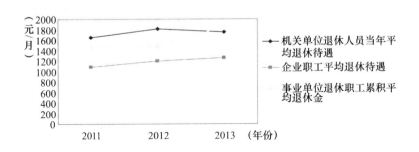

图 4 - 14 2011—2013 年潮州市机关、企业及事业单位退休待遇情况①

这种情况也可以从三类人员在岗平均工资这个指标上得以衡量。近十年来，该市机关、企业及事业单位在岗职工平均工资均呈现逐年上涨趋势，机关职工的工资水平最高，其次是事业单位

---

① 数据来源：根据本书课题组实地调研资料整理而成。

人员，企业职工平均工资水平最低。当时，从增长幅度来看，企业职工平均工资增长幅度较快，2011 年起已经高于事业单位人员，跃居第 2 位（见图 4 - 15）。从退休人员养老金替代率上看①，2011 和 2012 年间事业单位养老金替代率最高，其次为机关单位工作人员，企业职工的退休养老金替代率最低，还不足50％（见表 4 - 3）。

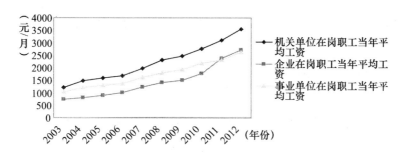

图 4 - 15　2003—2012 年潮州市机关、企业及事业单位在岗职工平均工资②

表 4 - 3　　2011—2012 年潮州市机关、企业与事业单位职工
退休金替代率情况③　　　　　　单位:%

年份	机关职工	企业职工	事业单位职工
2011	53.27	45.65	63.22
2012	51.08	44.25	56.39

　　总体上看，潮州市事业单位养老保险采取与机关单位相统一的制度模式，并且个人缴费费率与企业职工相同，这有利于三种养老保险制度的整合，便于三类人员的自由流动，也有利于减轻事业单位分类改革的压力，使得事业单位分类改革回归到原初目

① 退休金替代率＝退休人员当年平均退休待遇/在岗职工当年平均工资。
② 数据来源：根据本书课题组实地调研资料整理而成。
③ 同上。

的。另外，由于潮州采取市、区两级事业单位不同的缴费办法，相应地，市直事业单位人员退休后个人账户积累额全部一次性返还给个人，其本人退休金按照原来的退休办法发放，而区县事业单位个人账户积累额不予以返还，退休金计发办法按照其工作年限单独计算。

3. 潮州市事业单位养老保险改革存在的问题

调研发现，由于潮州地区属于经济欠发达地区，潮州市事业单位养老保险制度改革受到本地经济发展水平的制约，受到广东全省较高的社会平均工资制约，因而使得该市的事业单位养老保险制度改革还存在着三个问题：

一是事业单位养老保险改革不彻底，改革进展较为缓慢。一方面，在事业单位是否要交纳养老金以及养老金个人账户是否应当返还问题上出现了不一致。理论上讲，个人账户不应该简单地退还给本人，职工退休后应当按照统账结合模式计发养老金而不能回到以前的计发办法，这些做法恰恰正是改革不彻底的表现。另一方面，最初潮州市将所有事业单位纳入到养老保险改革中，2008 年以后进行了分类改革，这就容易造成新的不平衡。同时，在市直与区县之间也出现了不平衡，市直单位及个人交缴养老金，而区县的事业单位则缓交养老金。

二是改革方案并未经过科学测算，财政支付压力大。由于潮州市事业单位养老保险制度改革基本执行着广东省的方案，潮州市自身并没有科学而详细的测算本地的财政负担能力以及可能出现的支付风险。这样，随着事业单位退休人数的持续增加，事业单位人员养老金水平相对较高，财政支付压力也持续增长，加上潮州市经济基础较为薄弱，财政收入不足，这就使得改革所形成的养老金支付难以持续，这不符合政府推动事业单位养老保险制度改革的本真目的。

三是以基本工资作为缴费基数，并且缴费费率很高。市直机关事业单位养老保险以本人基本工资作为缴费基数导致养老保险缴费基数水平低，甚至落后于企业职工的缴费基数。于是，政府只好一再提高缴费费率，从 1997 年的 34.3% 提高到 2014 年的 48%。另外，以职工本人基本工资作为缴费基数将造成事业单位职工个人账户的缴费数额减少，如果严格采取试点方案中的养老金计发办法又造成事业单位职工个人养老金水平下降，不利于保障他们的退休生活。反过来，如果以其工作年限作为养老金的计发依据则进一步加重财政的负担。这些问题的存在需要我们加以思考。

五　汕头市事业单位养老保险制度改革研究

汕头市位于广东省东部，现辖金平、龙湖及南澳等 6 区 1 县。近年来，汕头市经济平稳发展，2003 年该市经济总量仅为 498.4 亿元，2013 年达到 1565.9 亿元，是 2003 年的 3 倍多。一般财政预算收入 2003 年仅为 20.8 亿元，2013 年则超过 112 亿元，接近 2003 年的 6 倍，展示出良好的经济增长态势。

1. 汕头市事业单位养老保险的改革

早在 20 世纪 90 年代初，汕头市就结合广东省颁布的相关政策制定了具体的实施办法，对机关事业单位养老保险的参保范围、缴费标准、基金管理和养老金计发等作出了规定。汕头市将改革对象界定为各级党政机关、社会团体和事业单位中享受机关事业单位工资待遇的固定职工（含干部、工人）[1]，从 1994 年 8

---

① 《关于贯彻市政府实行机关事业单位工作人员个人缴纳养老保险费制度的通知》第 1 章第 1 条，汕社保〔1994〕52 号。

月1日起，这类人员实行个人缴费制度并建立个人养老专户。而企业化管理的事业单位职工以及机关事业单位中的劳动合同制职工、临时工则参加城镇企业职工基本养老保险。1998年起，那些自收自支的事业单位人员也参加城镇企业职工基本养老保险。

在缴费基数方面，1994年机关事业单位固定职工个人以1993年机关事业单位工资改革后职工本人月工资收入为缴费工资，1995年开始以上年度职工本人月平均工资收入为缴费工资①，2006年开始则以本人当月申报个人所得税的工资、薪金收入为缴费基数，并以全省上年度在岗职工月平均工资的60%—300%为界限。② 在缴费比例方面，职工个人缴费由1994年的2%逐步调整至2003年以来的8%，而参保单位不用缴费。2013年7月，新进事业单位人员参照汕头市城镇企业职工社会保险制度的有关规定参加社会养老保险，享受相应待遇③。

在养老金待遇计发方面，汕头市的机关事业单位人员按不同类别采取不同的发放标准。其中，机关工作人员退休后按原标准发放养老金，同时将个人账户储存额一次性返还给本人；事业单位普通固定职工退休时同样参照原标准发放养老金，但不返还个人账户储存额；机关及事业单位的合同制工人的养老金根据城镇企业职工养老保险规定由基础养老金、过渡性养老金和个人专户养老金三部分组成。2004年实行社会保险基金市级统筹后，市直及金平、龙湖、濠江三区的机关事业单位合同制工人的养老保险基金由市级统一核算，市、区（县）分别建账。其他三区一县从2010年12月1日起全面实行"统一待遇计发办法、统一核

---

① 《关于贯彻市政府实行机关事业单位工作人员个人缴纳养老保险费制度的通知》第2章第1条，汕社保〔1994〕52号。
② 《关于调整我市社会保险费征收和社会保险待遇标准的通知》第1章第2条，汕府〔2006〕145号。
③ 《关于印发〈汕头市事业单位聘员管理办法（试行）〉的通知》第13条，汕人社〔2013〕17号。

算、统一拨付使用、统一管理"的市级统筹办法①。为此，濠江区率先试行事业单位职业年金制度，保障新进入事业单位人员退休后的生活水平。

2. 汕头市事业单位养老保险的基本经验

总结汕头市事业单位养老保险制度的改革历程及改革措施，我们认为有三点做法值得肯定。

一是个人必须要缴纳养老保险费。权利与义务不对等以及不一致始终是事业单位养老保险制度改革过程中遭人诟病的问题，事业单位人员（包括机关公务员）不承担任何的缴费责任却享受较高的退休养老金，而企业职工每月按工资的8%缴纳养老保险费，退休时的养老金替代率却远低于事业单位人员，这是民众普遍要求改革事业单位养老保险制度的重要因素。实际上，也正因为这些群体不需要缴费，他们的退休养老金在财政预算中单列，无形中增加了地方政府的养老金财政支付压力。反过来，汕头市的事业单位（包括机关单位）职工引进个人缴费制度，在一定程度上缓解了养老金财政支付压力，体现了权利与义务的统一，增进了各类人员的养老保险制度的公平性。

二是退休人员分类享受退休金。汕头市事业单位（含机关单位）根据退休职工不同的身份采取不同的养老金发放标准。机关工作人员退休后按原标准发放养老金，并将个人账户储存额连同利息一次性返还给本人；事业单位普通固定职工退休后同样参照原标准发放养老金，但不返还个人账户储存额；机关、事业单位中的合同制工人和临时工则根据城镇企业职工养老保险规定由基础养老金、过渡性养老金和个人专户养老金三部分组成。这个做

---

① 《印发汕头市进一步完善机关事业单位个人养老、城镇职工基本医疗、职工失业、工伤、生育保险市级统筹实施方案的通知》第2章，汕府办〔2010〕180号。

法尽管有其不足之处，但是却兼顾到机关事业单位原有职工的身份与来源，体现了循序渐进式改革特性。

三是率先尝试建立职业年金制度。2013 年 7 月 1 日后，汕头市事业单位新进人员也就是"新人"按照城镇企业职工参加社会保险，交缴养老金并享受相应待遇，这必然会降低这些"新人"的养老保险待遇。为了推进事业单位养老保险制度的试点，减少试点对象的疑虑，濠江区于 2013 年 7 月根据《汕头市事业单位聘员管理办法（试行）》第十四条规定，在新进事业单位人员中建立"职业年金制度"，单位缴纳职业年金费用比例为本单位上年度缴费工资基数的 8%，个人缴费比例为上年度本人缴费工资基数的 4%①。根据汕头市社保基金管理局的估算，如果事业单位每月替职工缴纳的职业年金约为 120 元，那么这些"新人"退休后他们的退休金收入与现行的"老人"所获得的退休金收入相差不大。

3. 汕头市事业单位养老保险制度改革问题

通过调研发现，汕头市事业单位养老保险制度在试点改革中仍然存在着三个尚未解决好的问题。

一是养老保险制度试点改革进展较为缓慢。汕头市早在 1994 年就开始实行事业单位养老保险改革试点，事业单位人员从此以后均需缴纳个人养老保险费，但是，20 年来，汕头市的事业单位养老保险制度改革并没有全面推开，始终处于观望之中，政策执行不彻底，甚至出现了摇摆和反复。

二是养老待遇与缴费联系不大。尽管事业单位（含机关）人员按本人当月申报个人所得税工资的 8% 缴纳养老保险费，但养老金待遇计发时与个人在职期间缴纳养老保险费的多少以及缴费年限没

---

① 在实际运行过程中只有单位缴费，个人并没有缴费。

有太大的关系。也就是说，汕头市事业单位（含机关）养老保险制度只改革了缴费制度，并没有改革养老金待遇发放制度。而且有的事业单位人员所交缴的个人账户养老金待本人退休时还予以一次性退还。此外，调研还发现，20 世纪 80 年代汕头市的事业单位合同制工人虽然参加了企业职工养老保险，由社保局发放养老金，但原单位根据固定职工的养老金水平也会补足这类合同制工人的养老金，使得这类员工享有正式在编人员的退休养老待遇。

三是职业年金制度尚未普遍性建立。汕头市对 2013 年 7 月 1 日以后进入各级事业单位的新进人员实行聘员制管理办法，其中较为关键的一点就是这类人员的养老保险参照城镇企业职工社会养老保险制度执行，同时汕头市选择濠江区为这类人员建立职业年金制度，单位缴纳 8% 的职业年金费用。客观地说，汕头市的事业单位职业年金制度只在濠江区试行，并未在汕头市普遍建立，必然造成未试点到的区县相关人员难以获得这部分的福利。另外，究竟如何运营与管理这些职业年金、确保年金的保值增值也缺乏明确的规定。

因此，如何改革养老金计发办法，将养老金待遇与事业单位人员的缴费相挂钩，完善职业年金制度应当成为汕头市事业单位养老保险制度改革的重点。

六 重庆市事业单位养老保险制度的改革试点

重庆市是"长江上游地区经济中心和金融中心"，也是全国统筹城乡综合配套改革试验区，2003—2012 年间，重庆市 GDP 与财政收入均呈现出逐年上涨的趋势，2013 年全市 GDP 达到 12657 亿元，同比增长 12.3%，公共财政预算收入 1693 亿元，增长 15.5%。经济发展呈现出良好势头。具体见图 4 - 16。

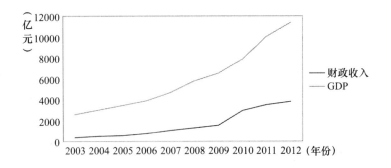

图 4 - 16 2003—2012 年重庆市 GDP 与财政收入①

在人民生活方面，2007 年以来，重庆市城乡家庭人均收入水平均呈现出逐年上升的趋势，2013 年实现城镇居民人均可支配收入 25216 元，农民人均纯收入 8332 元，同期增长额度分别达 9.8% 和 12.8%②，城乡居民的收入差距仍然逐步扩大，二元化现象比较严峻（图 4 - 17）。包括养老在内的各项民生建设亟待加强和完善。

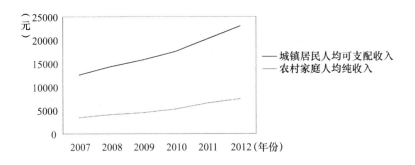

图 4 - 17 2007—2012 年重庆市城乡家庭人均收入水平情况③

---

① 数据来源：《2013 重庆统计年鉴》。
② http：//www.cq.gov.cn/cqgk/82835.shtml.
③ 数据来源：《2013 重庆统计年鉴》。

1. 重庆市事业单位养老保险制度初步改革

早在 2000 年，重庆市就颁发了《市属自收自支事业单位工作人员社会养老保险试行意见的通知》（渝办发〔2000〕74 号）和《市属自收自支事业单位工作人员社会养老保险实施细则》（渝劳办发〔2000〕251 号），把重庆市市属自收自支事业单位的所有工作人员，机关、事业单位和中央在渝有关单位的合同制工人作为改革对象，建立"单位与个人共同缴费的社会养老保险制度"①。机关事业单位中其他人员继续实行不缴费而领取退休养老金政策。

当时的政策规定，单位按照本单位离退休费用占全体工作人员工资总额的情况分不同比例进行缴纳，个人则以本人工资总额的 3% 进行缴费。为了保障这类人员的养老金待遇，当时还设立了单位补充养老保险以及个人储蓄养老保险，各单位在自有资金中自行决定缴费标准，个人自愿参加储蓄性养老保险，补充保险金原则上不超过本人当年工资总额的 10%②。

在待遇支付方面，基本养老保险基金用于支付离退休费以及退职生活费，支付标准参照《国务院关于安置老弱病残干部的暂行办法》（国发〔1978〕104 号）以及《国务院关于机关事业单位工作人员公职制度改革问题的通知》（国发〔1993〕79 号）文件的精神："投保年限满 35 年的，养老金比例按固定和活工资部分 90% 计发；满 30 年不满 35 年的，按 85% 计发；满 20 年不满 30 年的按 80% 计发；满 10 年不满 20 年的按 70% 计发；不满 10 年的按 50% 计发。"单位补充养老金部分则按照"单位与市社

---

① 《重庆市市属自收自支事业单位工作人员社会养老保险试行意见的通知》第 2、3 条，渝办发〔2000〕74 号。

② 《重庆市市属自收自支事业单位工作人员社会养老保险试行意见的通知》第 3 条，渝办发〔2000〕74 号。

保中心的协议进行支付。"①

此后，全市针对机关事业单位与企业之间职工流动和机关事业单位人员解聘等情况下养老保险制度的衔接、机关事业单位改制后的人员参保以及机关事业单位非在编人员参加企业职工养老保险等问题均做出了相应的规定②，从而完善了事业单位养老保险的相关配套政策。2008 年，重庆市作为国务院确定的五个试点省市之一，以事业单位分类制改革为基础，参照企业职工养老保险制度的框架实行统账结合的养老保险制度设计。

2. 重庆市事业单位养老保险制度的试点改革

21 世纪以来，重庆市事业单位人数总体趋于平稳增长。统计资料显示，2005 年该市事业单位在岗职工总数为 51.95 万人，到2012 年逐年增长到 61.94 万人，年均增长率为 2.74%，各年份事业单位在岗职工总数变动情况如表 4 - 4 所示。

表 4 - 4　　　2005—2012 年重庆市事业单位在岗职工总数③

年份	2005	2006	2007	2008	2009	2010	2011	2012
事业单位在岗职工数（万人）	51.95	53.36	55.4	55.42	55.63	57.74	59.6	61.94

2008 年以来，重庆市以事业单位分类改革为基础，面向分类改革后从事公益服务的事业单位及其工作人员，强调事业单位员

① 《重庆市市属自收自支事业单位工作人员社会养老保险实施细则》，渝劳办发〔2000〕251 号。

② 参见《关于在机关事业单位与企业之间流动的职工和与机关事业单位解除劳动（聘用）关系的人员参加基本养老保险有关问题的通知》（渝劳社发〔2002〕58 号），《重庆市关于机关事业单位改制后参加基本养老保险有关问题的通知》（渝劳社发〔2002〕59 号），《重庆市人民政府关于机关事业单位非在编人员参加企业职工基本养老保险的通知》（渝府发〔2006〕143 号）。

③ 数据来源：根据 2007—2013 年《重庆统计年鉴》整理而成。

工个人的缴费义务，纳入试点范围的人数从无到有、由少到多地增加起来，参保人数呈现出逐年上涨趋势，特别是 2010 年参保人数陡增到 14.59 万人，各相关年份参保人数及参保率见表4-5。

表4-5　2008—2012 年重庆市事业单位养老保险参保人数及参保率

年份	2008	2009	2010	2011	2012
事业单位养老保险参保人数（万人）	2.31	2.39	14.59	14.34	13.28
事业单位养老保险参保率（%）	4.16	4.30	25.27	24.06	21.44

3. 重庆市事业单位养老保险制度改革的不足

重庆市事业单位养老保险制度试点改革实施多年来并无实质性进展，主要呈现出以下几方面的问题：

第一，事业单位养老保险参保率低。重庆市事业单位养老保险改革仅仅针对市属自收自支的事业单位人员，而没有涉及全额拨款等事业单位，改革对象设置比较狭窄。按照此种分类方法，财政全额拨款和差额拨款的事业单位并未纳入改革的范畴，覆盖人群十分有限，造成事业单位人员养老保险参保率低下。表4-5显示，他们的事业单位人员养老保险参保率水平较为低下，最高年份的参保率仅有 25.27%，最低年份的参保率还不足 5%。

第二，养老金多轨制问题依然突出，三类人员待遇差距显著。一方面，重庆市企业、事业单位和机关单位三类人员的养老金差距依然较大，企业职工养老金水平远远不及机关、事业单位人员，并呈现出差距逐步拉大趋势，而且大多数机关事业单位个人并未缴纳养老金，养老金双轨制问题十分突出。另一方面，政府只对差额拨款事业单位人员进行改革，使事业单位内部退休养老制度产生了双轨制。

第三，事业单位养老保险改革不彻底。作为新一轮事业单位养老保险改革的试点城市，重庆市的试点改革并没有取得实质性进展，表现在"没有出台具体试点实施方案"，重庆市自称"还处于研究中"①，尚未见相关研究成果及政策法规出台，观望态度比较明显。

七　小结

通过对江苏、上海、福建、广东、重庆的六个城市人力资源与社会保障部门的实地调研，发现各地在事业单位养老保险制度中进行了一些改革探索，形成了许多有启发性的价值，暴露出一些值得深入研究的问题。

第一，如何顶层设计事业单位养老保险制度改革方案，推进事业单位养老保险制度改革更加公平、更可持续地进行？作为养老保险体系的一部分，事业单位养老保险制度在改革中应当追求公平并体现公平，从纵向上看，它包含着与已经退休、正在退休一级尚未退休的各类事业单位人员养老金待遇的公平；从横向上看，它也包含着它与公务员及企业职工养老金待遇相比较的公平，包括各阶层通过养老金收入能够缩小阶层之间收入差距的公平。同时，这样的公平不是欧洲福利国家所实行的高保障水平但普遍陷入支付危机的公平，也不是新自由主义所标榜的以效率为核心、恪守丛林法则的公平，而是做到制度及财政均可持续的公平。因此，这就需要加强事业单位养老保险制度的顶层设计，形成更加切实可行的制度方案。

第二，事业单位养老保险制度改革是否先要进行分类改革？

---

① 《试行一年五省市事业单位养老保险改革几无进展》，《每日经济新闻》2010年3月24日，http：//money. sohu. com/20100324/n271048650. shtml。

20 世纪 90 年代，各地并没有进行分类改革就开展事业单位养老保险制度的改革尝试，有的地方还出台了一些在今天看来仍然行之有效的、涵盖各类职工的、有机整合的养老保险政策。2008 年国务院下发的事业单位养老保险制度的试点则建立在事业单位分类改革基础上，"分类"成了一些地方进行事业单位养老保险制度改革的前提，"分类"成为一些地方减少改革阻力的药方，由此就使得一些地方陷入了"改"与"不改""如何分类"、究竟改"财政全额拨款单位"还是"财政差额拨款单位"抑或所有事业单位等"选择性改革"矛盾中，一些地方处于观望态度，有的地方还出现了反弹。这就需要我们从根本上思考事业单位养老保险制度改革的逻辑前提与逻辑顺序，避免事业单位分类制改革诱发新的不公平。

第三，如何科学设定缴费基数及费率，促进事业单位养老保险缴费水平更加科学合理？六个城市的调研发现，有的地方以本单位工资总额为缴费基数，有的地方全部按照当地的社平工资作为缴费基数，还有的地方统一根据省社平工资核算，这就造成了各地之间的不一致，不利于将来各地事业单位人员之间养老保险关系的转移接续。在个人账户部分，有的地方按个人缴费工资作为缴费基数，有的地方则依据当地社平工资的某一额度作为缴费基数。同时，在职业年金上，无论是 20 世纪 90 年代还是 2008 年的《试点方案》都提到要建立职业年金，但是各地在试点过程中这一制度并没有很好地建立起来。而 2015 年国务院的改革方案给予职业年金很高的缴费费率。为此，既要依法通过职业年金的建立避免事业单位养老金待遇不至于过度下降，也要防止透过职业年金确保各类人员养老金待遇差距不至于过分拉大，以增强他们对事业单位养老保险制度改革的认同。

第四，如何进一步完善事业单位养老金计发办法，缩小三类群体间的养老金待遇差距？2008 年国务院的《试点方案》规定了事业单位养老保险计发办法参照企业职工养老金计发办法进行，即基础养老金计发标准以当地上一年度社会平均工资和指数化个人平均工资的平均值为基数，缴费满一年发给1%，个人账户计发办法按照职工退休时个人账户总额除以相应的计发月数计算。从各地调研情况来看，各地对这类计发办法持肯定态度。也就是说，这种计发办法得到了各地的普遍认同，2015年国务院《关于机关事业单位工作人员养老保险制度改革的决定》也采用了此办法。下一步就是如何完善各类人员的养老金待遇测算，将各类人员的养老金待遇控制在更为合理的范围之内。

这些情况表明，事业单位养老保险制度的改革更需要顶层设计，需要把全国各地试点过程中所形成的好的经验与做法固定下来。同时，改革各地试点中所出现的问题，确保事业单位养老保险制度更加公平、更可持续，切实保障事业单位人员的养老金待遇不至于下降，这是被改革者认同这场改革的基础。

第五章 事业单位养老保险制度
改革的理论建构

　　事业单位养老保险制度是中国养老保险体系中的重要一环，它既与机关养老制度紧密联系，也受到企业职工基本养老保险制度的影响。深化事业单位养老保险制度改革，建设更加公平、更可持续的事业单位养老保险制度需要科学理论作为指导，形成包括事业单位在内的整个养老保险制度顶层设计的理论基础、理论内容及其理论体系，更好地指导整个养老保险制度的顶层设计，推动包括公务员、事业单位人员、企业职工乃至城乡居民以及灵活就业人员等在内的所有群体的养老保险制度公平可持续的建设。

一　事业单位养老保险制度的改革需要
　理论指导

　　任何一种养老保险制度的设计与安排都是建立在特定的理论之上，依据特定的理论并接受该理论的指导，从来也没有没有理论指导的制度设计与政策安排。反过来，各地养老保险制度改革方案的试点实践也为养老保险理论提供充足的素材，推动着理论建设与理论创新，并以此来指导事业单位养老保险制度的建设。

因而理论在事业单位养老保险制度改革中起着基础性地位。

1. 构建事业单位养老保险理论的重要性

理论是养老保险制度建设的基础、依据以及指南，事业单位养老保险制度的改革与完善都离不开某种理论作为指导。理论，尤其是科学的理论有助于我们更好地指导养老保险制度的建设实践。因此，加强理论建设在包括事业单位在内的整个养老保险制度改革中起着十分重要的作用。

第一，加强理论建设是养老保险理论发展的客观需求。把家庭作为养老的载体而不是主要供给者、更多地依靠养老金进行社会养老是工业社会的产物。为了建设各种类型的社会养老制度，各个国家或地区的思想家们构建了众多养老保障理论，用来指导本国养老保险制度的建设实践。有的强调国家、政府及社会在养老保险体系中的责任与作用，注重从社会公平角度去构建养老保险制度，形成了国家干预理论、民主社会主义理论等学派；有的把社会保险当成一项经济行动，从福利经济学、凯恩斯理论、自由主义经济学角度出发提出包括养老保险在内的福利理论，还有的强调自我在养老中的责任，认为国家只是最后的出场人，由此形成了新自由主义理论。此外还有生育理论、老年社会理论、死亡变动理论等。这些理论派别在不同程度上影响着各个国家的养老保险制度建设。只不过，有的理论着重研究养老保险制度的历史变迁与制度绩效，证明了政治决策是养老保险制度变迁的内生力量，而有的理论侧重于探索养老保险制度的设计与安排，探讨养老保险模式选择、缴费关系、缴费结构、基金投资、隐形债务以及持续发展等问题，还有的理论注重划分各个主体的责任界限与责任范围，以便实现养老保险制度的公平与效率的统一，等等。

总体上看，这些理论大多数是发达国家的经验总结与制度升华。问题就在于，发达国家的养老保险制度在数百年发展过程中所构建的理论框架以及所形成的理论体系扎根于这些国家的实际需要，都是这些国家的学者根据本国历史与现实、政治、经济与社会所作出的理性选择，他们的养老保险制度设计都是根据本国特定的经济社会发展实际、为解决本国民生问题而形成的制度安排，更是适应这些国家的政党兑现选举承诺的一种制度设计。因此，发达国家的养老保险理论只具有相对合理性，它们不可能具有恒久的科学性，因而不可能成为那种超越时空、"放诸四海而皆准"的真理性理论。这意味着养老保险理论是一个国家在养老体系建设过程中必须加以关注的问题，构建养老保险理论是各个国家养老制度实践的产物，也是各个国家养老制度发展的内在需求，一个国家的养老制度要想长久地发展就必须建设适应本国经济社会与人的发展需要的养老保险理论。从这个角度看，我们应当结合中国养老保障的历史与文化，吸取新中国成立 60 年尤其是改革开放近 40 年来各项养老制度的实践经验或教训，构建具有中国特色的养老保险理论体系，以便更好地指导中国养老保险制度的顶层设计实践。

第二，构建自己的养老保险理论是中国养老保险制度自身发展的客观需要。新中国成立以后，受苏联社会保障思想及制度安排的影响，中国在社会主义改造与建设过程中过分强调社会主义社会的公有性质，从公有制理论出发构建国家保障理论，把本应该由各个主体共同承担的养老责任全部交给各级政府、各个国有及集体组织，认为各级组织应该保障组织内部民众的退休生活，由此形成了以单位制为核心的国家养老保障理论。这种保障理论实际上并没有解决西方国家社会保障制度的内在矛盾性。改革开放以后，那种强调计划分配、把国家或单位当成责任主体的养老保障理论在实践过程中遇到了许多难以克服的矛盾，一些新近成立的外资与民营企业没有退休职工，自然就不需要支付养老金，而原有的国有及集体经济组织需要继续负担本单位离退休职工的养老问题，这就使得企业之间存在着不平等的竞争关系。不仅如此，所有的理论始终没有解决养老金待遇刚性增长与经济发展波动性前进之间的张力。因而迫切需要建立与我国经济社会发展实际相适应的养老保险理论，促进所有用人单位能够公平地承担员工的养老费用负担及相应的养老责任。

实际情况是，十四大以来，随着社会主义市场经济体制的建立与完善，我国机关、事业单位、企业等单位建立的差异性养老保险制度背后正是依据不同的养老保障理论而设置的。其中，机关事业单位及其工作人员依据国家保障理论形成了退休待遇较高的养老保障制度设计，依据公平与效率相结合理论构建了个人与企业共同承担养老责任的社会养老保险制度，依据社会救助理论则形成了较低水平的城乡居民基本养老保险制度。这意味着，上述三种不同的制度背后都有着不同的理论作为支撑，针对养老保障问题选择了不同的理论基础与理论内容，在这些迥异的理论指导下自然难以形成整体性的养老保险制度顶层设计。也就是说，不同的养老保障理论只能形成不同的养老保障制度，碎片化的养老理论只能形成碎片化的养老制度，同时，碎片化的养老制度实践反过来进一步推动着碎片化养老理论的形成。这就需要我们加强中国养老保险制度的理论研究，构建有中国特色的养老保险理论体系，探索与整个政治、经济、社会设置相适应的养老保险制度理论体系、理论内容及其基本规律，实现中国特色养老保险制度的建设目标，推进各类人员养老问题的妥善解决。

第三，事业单位养老保险制度的改革实践迫切需要加强理论建设与理论创新。20世纪90年代，原来的"单位制"养老保障制度日益不适应市场经济的发展要求，建立个人账户与社会统筹相结合的"社会制"养老保险制度日益成为全社会的共识。国务院为此发文要求企业与个人共同缴费建立统一的城镇企业职工基本养老保险制度，由单位养老走向社会养老，这为包括机关事业单位在内其他类型的职工退休养老制度改革提供了新的思路。

在这一改革背景下，1994 年起，山西、辽宁、江苏、上海、福建、广东、云南等省（市）相继下发文件改革机关事业单位养老保险制度，2003 年中央要求积极探索机关事业单位社会保障制度改革方案。2007 年中央提出要"促进企业、机关、事业单位基本养老保险制度改革"。2008 年国务院确定在山西、上海、浙江、广东、重庆等 5 省市试点《事业单位工作人员养老保险制度改革试点方案》。但是，1994 年以来的事业单位养老保险制度的改革都是以试点方式进行的，各地设计了不同的试点方案，甚至同一省份内部各城市之间的试点方案也不完全一致。事业单位养老保险制度的试点改革非但没有解决养老保险双轨制问题，非但没有解决各类人员的养老金待遇悬殊问题，而且徒增了新的制度类型与制度碎片。

造成这种情况的原因很多，既有事业单位养老保险制度本身的复杂性，也有这场改革牵涉到相关人员的切身利益，还与一些地方政府的消极观望有关。但是，不可否认的是，在这些原因的背后隐藏着一个更为根本的因素，那就是我们一味地强调试点而忽视事业单位养老保险制度的理论建设，特别不重视从中国实际出发进行养老保险理论创新，没有科学论证包括事业单位在内的整个养老保险理论体系、理论内容、制度框架及政策设置，没有找到事业单位养老保险制度改革的理论，没有能够从理论上论证究竟何种形式的养老保险制度才更具科学性与合理性，并以此来指导事业单位养老保险制度的改革实践。历史已经证明：缺乏理论指导的试点是一种盲目的试点，而不是理性的行动；没有将各地试点升华为理论概括与理论抽象，这样的试点同样不具有任何的类型学价值。这样的试点极有可能贻误改革时机，有可能借试点之名而阻碍整个养老保险制度的全面改革。这就需要我们从理论上思考包括事业单位在内的整个养老保险制度的理论基础、理论依据、理论体系，构建能够指导包括事业单位在内的各类人员养老保险建设实践的理论内容，为事业单位养老保险制度的改革提供理论支撑。

2. 事业单位养老保险理论建设存在的问题

总体上看，20 世纪 90 年代以来，我国事业单位养老保险制度的理论建设与实践探索主要存在着如下三个方面的问题：

一是抽象地肯定西方养老保险理论的公平基础，把它简单地移植到中国事业单位养老保险理论构建当中来。实际上，从历史上看，国外的公平理论内涵本身也是不断发展的。例如，20 世纪初，西方的养老保险理论普遍强调生存性或救济性公平，认为养老保险制度要能够提供维持民众生存最低限度的收入，确保任何一个参保人员即使没有其他经济来源，养老保险提供的"基本生活最低收入也足以满足人们的基本生活需要"。20 世纪 50 年代开始，受福利刚性增长原则以及人人一票的选举制度的影响，作为养老保险建设基础的公平内涵发生了变化，逐渐由原来的生存性公平转向发展性公平，从原来的救济性公平逐渐转变为体面性公平，强调作为一种社会福利的养老保险应当是"高水平、广覆盖、无差别"，养老保险金能够保证每个人"过上体面的生活"，高水平养老金当成了一种可以不考虑义务的权利。于是，这样的养老保险理论在实践过程中出现了新的问题，20 世纪 80 年代起，有的国家试图以新的公平理念重建养老保险理论，试图改革整个养老保险制度。这表明，作为养老保险基础的公平其内涵从来都是具体的而不是抽象的，是变化的而不是固定的，是发展的而不是停滞的。

可是，在包括事业单位在内的整个养老保险理论建设中，我们曾经非常片面地理解这一公平基础，总是抽象地谈论公平，照搬西方国家的体面性公平，忽视了公平的民族差异性、时代变迁性以及其他方面的属性。事实上，在经济并不发达的当代中国，我们如果建立那种高福利、彰显体面公平的事业单位养老保险理论，那么将进一步拉大这类群体与企业职工养老保险待遇，进而进一步固化企业职工的社会地位，不利于企业职工的社会流动，将把整个国家的财政带向新的困境，并大大降低整个养老保险制度的持续性。

二是过分依赖西方国家的养老保险理论内容，把它作为构建事业单位养老保险理论的圣经。西方的养老保险理论，无论是凯恩斯主义、贝弗里奇思想，还是新自由主义以及第三条道路等理论，都是他们为了解决本国民众的养老问题而形成的一种理论派别，这些理论实际上都有其独特的时代性、明确的针对性以及鲜明的国别性特征。不同的国家会形成不同的养老保险理论体系与理论派别，同一个国家在不同的经济社会发展阶段也会出现不同的养老保险制度内容，从来就没有一个国家的养老保险理论形态与理论内容一成不变。20 世纪 70 年代以前的英国养老保障制度所恪守的理论信条与 20 世纪 90 年代末期布莱尔政府所提出的养老保障理论绝对不可能一样，这是一条客观真理。

然而，新中国成立以后尤其是改革开放以来，我们一味地埋头搞建设，一味地进行养老保险制度的试点，而忽视构建科学的理论并以此去指导包括事业单位在内的整个养老保险改革，尤其忽视探索构建中国自己的养老保障理论。人们往往从自身学科视野乃至研究偏好出发，直接照搬西方某个养老保险理论派别及其养老保险理论内容，这样的理论不仅食洋不化，而且会把中国养老保险制度改革实践引向歧途。我们对此应该予以警惕。

三是过分地依赖于效率理论，把改革事业单位养老保险制度当成减轻财政负担的一种手段，而不是把它作为整个社会设置中具有独立性质、功能不可替代的独特性制度安排。必须承认，财政可持续是事业单位养老保险制度可持续的前提，财政不可持续的事业单位养老保险制度改革方案终将无法执行下去，因此，效率事实上成为改革的重要尺度。这表明，"公平诉求"虽然成为养老金改革的发端，真正推动养老金改革的直接原因恰恰是效率主义所关注的"养老金财务的困境"问题①，也就是所谓的效率问题，欧美和亚洲 10 个国家的公职人员养老保险制度之所以改革大抵也是如此。由于我国机关事业单位人员"离退休费直接来自于财政，养老金待遇调整的任意性非常强，没有建立合理有效的调整机制"②，由此带来了沉重的财政负担。所以，对我国事业单位养老保险制度进行改革既是抛弃简单效率主义观、顺应社会公平的诉求，更是促进事业单位养老保险财政可持续的现实要求。在这种情形下，如果我们所构建的事业单位养老保险理论一味地追求效率，一味地甩包袱，必然偏离其本身所固有的理论路径。

3. 事业单位养老保险理论的基本特点

事业单位养老保险理论是事业单位养老保险制度实践探索中所形成的理论体系，也是指导事业单位养老保险制度深化改革的理论依据。因此，这样的理论应该反映我国经济发展水平、文化价值观念以及社会意识形态，体现中国的社会结构与社会福利观念，并具有四个鲜明特点：

一是历史文化性。中国在长期发展过程中逐渐形成了以家为核心、熟人圈子为依托、政府为支撑的养老保障体系。家在养老供给体系中的地位很高，物质的供养、生活的照顾、心灵的慰藉

---

① 林东海：《突破公务员养老改革困境：政策分析的视角——近年公务员养老改革国际趋势对中国的借鉴》，《中国软科学》2011 年第 5 期。

② 郑秉文、孙守纪、齐传君：《公务员参加养老保险统一改革的思路——"混合型"统账结合和制度下的测算》，《公共管理学报》2009 年第 1 期。

以及其他服务的提供等最初都是由家庭提供保障与负担，家庭构成了养老制度建立的基础和前提。实际上，建立在宗族或熟人基础上的社区或村落本身就是一种扩大了的家庭，一些地方通过"孝子会""老人会""宗亲会"等自组织形式承担着本社区中特殊人员的养老功能。只有遇到普遍性灾荒或其他突发性事件时统治者才给予救助。这表明，家庭为主、社区为补充、政府作为兜底构成了中国式养老的逻辑前提，体现着中国特有的养老文化，并与中国的熟人社会圈子相契合，因此具有文化的适合性以及社会的认同性。因此，在事业单位养老保险理论建设中应当弘扬中国传统的养老文化，强调政府养老供给责任的有限性、底线性以及不可回避性，倡导多元主体供给，以便用较小的财力实现最大的福利效用。

二是层次性。理论是对现实的抽象，也是社会现实的"折光"，事业单位养老保险制度在实践过程中所体现出来的层次性内在地决定了事业单位养老保险理论内容具有丰富性与生动性。它要能够统领和概括各地、各种类型的事业单位养老保险制度的现实，从中抽象出事业单位养老保险理论原则与理论内容。这说明，中国自上而下的政治架构决定了我们只能采取一种自上而下的事业单位养老保险制度供给方式。中央与地方、上级与下级政府之间承担着不同的养老责任，其中，地方政府解决本管辖内事业单位人员养老问题，上级政府对其补贴与监督，各种不同层级的政府对事业单位养老事务的管辖存在着差异，由此使得事业单位人员养老金待遇呈现出地区发展不平衡。

三是价值性。浸润着特定文化的养老保险理论体现着特定的政治意识形态，不仅每一个国家的养老保险理论体现着这个国家的文化价值观念，而且不同的党派及团体所构建的养老保险理论也渗透着他们的价值取向。那种纯粹价值中立的养老保险理论不可能存在。因此，事业单位养老保险理论从来也不回避自己的价值取向，强调公平不是无差别的均等化公平，也不是那种抽象的公平，而应该是符合中国文化及意识形态的适度公平，这种适度公平就是体现政府有限责任、注重养老保险制度更加可持续发展的"底线公平"①：底线以下的部分由政府承担，并且将来与企业职工相整合；底线以上的项目及内容可以通过个人的努力、家庭的互助以及社会的帮助获得，以提高这类群体的养老金收入，形成养老金收入的差异性。依据底线公平，可以缩小各阶层之间的养老金收入差距，实现整个社会的更加公平；依据底线公平，可以减轻政府的财政支出，实现这个制度的更可持续的发展。

四是平等性。平等性是养老保险理论建设中所具有的另一个基本特点。这种平等不是国家平等、经济平等或政治平等，而是建立在人格平等基础之上的社会平等，是社会人格的平等，每个人将有同样的机会获得一个最基本的养老保险待遇，这个养老保险待遇应该最小地体现出阶层或行业之间的差别。不仅如此，养老保险应该优先兼顾那些工作环境恶劣、工资待遇差、社会地位低的群体。这意味着，养老保险理论应该更多地照顾到企业职工及机关事业单位普通员工，通过养老保险制度的建设、养老金的分配形成更加公平而合理的收入结构。

基于这些特性，我们在总结整合理论及底线公平理论基础上，提出事业单位养老保险制度基础普惠理论，并据此构建事业单位养老保险制度框架及政策体系。

二 事业单位养老保险制度整合理论

如果说财政可持续性不足是改革事业单位养老保险制度的内

---

① 景天魁：《大力推进与国情相适应的社会保障制度建设——构建底线公平的福利模式》，《理论前沿》2007 年第 18 期。

在因素，那么，整合碎片化的养老保险制度以便建成更加公平的养老保险制度体系则构成了事业单位养老保险制度改革的直接动因。

1. 事业单位养老保险制度整合理论内涵

整合是事业单位养老保险制度改革的内在要求，也是衡量事业单位养老保险制度公正性的外在表现，过度碎片化、缺乏整合的养老保险制度必然使得各阶层的养老保险制度各自成一套，诱发各个阶层之间养老金待遇差距的扩大，背离养老保险制度建立的初衷，违背了事业单位养老保险制度的改革目的。从词源上看，"整合"有"integrate""converge"以及"collaborate"三个英文单词与之对应。它最初是一个物理学概念，主要指将各个分散的零部件通过某种方式组合在一起，使之形成一个有机整体，并发挥出整体功能。19 世纪晚期，迪尔凯姆将这个概念表示社会有机体、社会秩序以及社会道德的整合。

早在 21 世纪初，国内学者就提出要建立"基础整合的社会保障体系"[①]，明确了所要整合的制度类型。在我看来，整合不是各类人员及各阶层采取同一个标准或制度的完全一致，它是以缴费型养老保险制度为主体覆盖公职人员、事业单位人员、企业职工、城镇居民以及农民等群体。从项目上看，就是要以职工基本养老保险为主体，辅之以企业年金或职业年金等项目，使不同的养老金制度的待遇差距有所缩小，促进各种养老保险制度之间的公平。从目的上看，整合就是通过养老金这种二次分配形式来缩小各阶层之间的收入差距，避免养老金的获得加剧收入之间的不平等，扩大收入差距。从促进流动性、增强适应性角度看，整合就是通过改革能够增强各群体、各阶层之间的职业流动，淡化

---

① 参见景天魁《基础整合的社会保障体系》，华夏出版社 2001 年版。

各阶层之间的职业身份，而不是固化各阶层之间的边界。

所以，本书语境下的"整合"表示通过对事业单位养老制度设计原理、缴费结构、缴费标准及待遇计发办法加以梳理与调整，使之与机关及企业职工养老保险制度相比，形成一个结构合理、水平适中、待遇适当、人群适合、国情适应、普遍共享的养老保险制度，从而与其他类型的职工养老保险制度一起构成科学完备、公正持续的养老保险制度体系。

2. 事业单位养老保险制度整合理论内容

整合理论强调要整合各类人员养老保险制度框架设计原理、整合养老保险项目、整合养老金计发原理及计发办法、整合养老保险管理服务机构及服务职能，将各种碎片的养老保险制度内在地整合起来，成为一个相互联系、便于参保人员便捷流动、促进公平的有机整体。

首先，养老保险制度的整合。事业单位养老保险制度要能够与其他类型的职工养老保险制度整合起来。这种整合不是把不同的养老保险制度简单地加以合并，更不是简单地取消机关或事业单位养老保险制度，让这类员工直接参加企业职工养老保险制度，而是寻求事业单位养老保险制度与机关公务员退休养老制度、企业职工社会养老保险制度以及城乡居民基本养老保险制度之间的逻辑性，找出针对各类人员究竟采取何种形式的养老保险制度，探求各类人员养老保险待遇差距的客观关系，测算各类人员养老金待遇的数量关系，明确各类人员的养老保险缴费及养老金待遇中各主体之间的责任关系、责任结构及责任大小，这是事业单位养老保险制度加以整合的核心，也是事业单位养老保险制度在整合改革中应当加以解决的问题。解决了这些问题，包括事业单位在内的各类养老保险制度就比较容易实现内在的整合。

其次，各种供给方式的整合。养老保险制度虽然以货币的形式反映着养老金的多少，货币养老金成为衡量各类人员养老金待遇差距的重要指标。实际上，按照整合理论，各类人员的养老保险待遇差距及其整合还包括服务项目、服务内容以及服务形式所存在的差距，整合包含着对这些项目、内容、方式等在内的整合。例如，就养老服务而言，企业职工养老采取社会化服务形式，而机关及事业单位仍然按照单位服务形式，这不利于养老保险部门统筹考虑为所有退休人员提供养老服务，不便于完善养老服务内容，也不利于政府有关部门统筹考虑提高养老服务水准，不便于机关事业单位人员退休后的迁移与生活，制约着他们的生活质量。因此，整合就是要对养老服务加以统筹考虑，促进货币及服务的协调供给。

再次，养老保险监管机构的整合。养老保险制度的碎片化必然形成养老保险内容的碎片化、服务机构的碎片化以及监督机构的碎片化。从整合理论出发，一方面，要实行监管主体的整合，将分设在组织部、公务员局、人力资源和社会保障局等部门的相应管理机构加以整合，组建一个更加高效的运营管理机构，以降低管理成本①。另一方面，要整合监管手段，创新监管方式，把正式组织的监管与非正式组织的监管整合起来，把平面监管与网络监管手段整合起来，广泛吸引第三方监督，以提升监督效果。只有对各个主体加以有效监管，才能保证他们切实履行自己的责任，形成建设养老保险事业的合力；只有创新监管方式，才能确保监管成效，增进事业单位养老保险制度的公正持续发展。

3. 事业单位养老保险制度整合理论特点

以整合为理论基础，以事业单位养老保险制度改革为突破

---

① 本书课题组调研得知厦门市已经将公务员局、人事局合并到人力资源和社会保障局，机关、事业单位的养老保险管理职能相应地也划归到人力资源和社会保障局。

口，实质上就是要建立一种整合型的养老保险理论。这样的理论具有三个特性。

第一，制度的有机整合性。任何一项养老保险制度的制定与实施都遵循从个别到一般这个过程，某项制度最初总是针对特殊群体或特殊行业设置的，形成差异化的制度安排，从来也没有哪一项社会保险制度自诞生之日起就能够涵盖全体国民、整合各个阶层的，事业单位养老保险制度也是如此。它最初是针对事业单位这一特殊行业设置的，由于它本身的非营利性及为党和政府提供决策咨询以及为社会提供无偿或低偿服务，所以它更多地参照机关养老制度。20 世纪 90 年代，随着企业职工养老保险制度的改革，事业单位养老保险制度在改革进程中逐渐形成差异化及碎片化的制度安排。三种养老制度之间相互独立，三类人员之间的退休养老金待遇差距较大，使得三类人员之间难以自由而双向流动。因此，整合就意味着通过深化事业单位养老保险制度的改革，能够与其他两种类型的养老制度整合起来，促进各类人员之间双向而自由地流动。制度的有机整合是整个养老保险制度的内在要求，也是养老保险制度更加公平、更可持续发展的必然结果。

第二，养老金收入差距合理性。养老保险制度改革是一项系统工程，改革事业单位养老保险制度需要统筹考虑机关及企业职工的养老保险制度。所谓统筹考虑归根到底主要就是统筹考虑这类群体的退休养老金待遇是否差距过大，或者是否没有差别。差别过大不利于促进社会公平，而差距过小甚至没有差别又不利于激发各个阶层的积极性，只有将其他阶层的养老保险制度加以统筹考虑，在对不同阶层的养老保险制度加以比较基础上优化事业单位养老保险制度，使得作为改革对象的事业单位人员养老金待遇与公务员、企业职工、城镇居民以及农民等阶层待遇差距保持在相对合理的范围内，同时使得不同地区之间的事业单位人员养老金待遇差距控制在合理的范围内，缩小同一阶层内部以及不同阶层之间的养老金收入差距，便于社会各个阶层能够双向、自由流动，促进各阶层之间的和谐共生。

第三，管理机构与监督机构的高效性。管理与监督机构的高效是事业单位养老保险制度改革过程中必须要加以考虑的问题，它是事业单位养老保险制度顺利改革、有效运行的可靠保证。整合理论强调，要整合机关、事业单位、企业、城乡居民等群体的养老保险制度的管理机构与监督机构，理顺各类管理机构与监督机构之间的关系，明确各管理与监督机构的职责范围及权限，通盘考虑整个养老保险制度的建设情况，形成相对统一的养老保险制度管理与监督机构，提高养老保险管理与经办部门的实施效率，有效克服"各种搭便车、互相推诿乃至不作为"等行为[①]，提高社会保险制度的实施效率，增进民众福利水平。

三　事业单位养老保险制度底线公平理论

底线公平理论最早是由景天魁研究员提出并加以系统阐述的。他认为，所有公民在底线面前具有"权利的一致性"就是底线公平。随后他不断地扩展和运用此理论，认为底线公平可以强调政府的责任底线，合理划分政府与市场的责任边界，形成政府、社会、家庭和个人合理的责任共担结构。底线公平理论能够为事业单位养老保险制度的改革提供理论指导。

1. 底线公平理论基本含义

底线公平作为事业单位养老保险制度改革的基本理念，它将

---

① 高和荣：《论整合型社会保障制度的建设》，《上海行政学院学报》2013年第3期。

公平区分为"无差别的公平"和"有差别的公平"，也就是"基础公平"与"非基础公平""适度公平"与"非适度公平"，它强调事业单位人员与其他群体一样在给定的"底线""基础"及"适度"面前应当"具有的权利一致性"①。因此，事业单位养老保险制度的重点就是确保基础部分的公平，着力关注所有事业单位人员的基本养老权益，从而有效地增强社会包容度，增强社会凝聚，协调贫富各方利益，促进社会团结，提升社会发展的质量。就事业单位人员养老金来说，根据底线公平理论可以把它分为基础部分和非基础部分，从而实现底线与非底线的统一，并努力与公务员及企业职工的养老金制度相整合。具体来说：

一方面，底线公平是"所有公民在底线面前所具有的权利的一致性"的公平②，它强调社会保障应该重点关注人们的底线也就是基础部分收益，优先满足弱势群体和中低收入群体的基本生活需要，这是"无差别的公平"③，这样的公平能够有助于降低和克服理论研究与政策实践中的模糊性和随意性。按照底线公平理论，养老保险金待遇可以划分为"基础部分"和"非基础部分"两个方面。"基础部分"是为了满足人们的基本生活需求而设定的，不论是机关事业单位人员、城镇职工、城乡居民乃至外来灵活就业人员，这部分的养老金待遇均按照一定的标准大致相同地给付，以保证整个养老金待遇底线部分的一致性，这也是政府必须承担的底线责任。"非基础部分"是为了满足非底线的需求，具有差异性、可变性，体现效率原则，如城乡居民可以根据自身的经济情况选择不同的缴费档次、企业职工工资差异使得个人账户的积累额有所不同、个人亦可以选择完全积累的储蓄或者

① 景天魁：《适度公平就是底线公平》，《中国党政干部论坛》2007 年第 5 期。
② 景天魁：《论底线公平》，《光明日报》2004 年 8 月 10 日。
③ 景天魁：《底线公平概念和指标体系》，《哈尔滨工业大学学报》（社会科学版）2013 年第 1 期。

人寿保险来满足养老需求；在非基础部分，政府、社会、家庭、个人共同承担责任。从这个角度看，底线公平实际上就是基础公平与基础普惠，通过底线公平可以切实保障所有群体的基本生活。

另一方面，养老保险金待遇的基础部分大致相同并实行全国统筹，非基础部分采取个人积累。基础部分待遇是政府承诺的、满足群众基本生活需要的待遇，不因人们的职业身份、地区差异及缴费情况等有所不同，是政府对所有民众承诺的、为了满足各类人员的基本生活而设定的制度设置，更多地体现着国民的普惠性待遇，因而具有权利的一致性，它规定所有参保人员的基础保障待遇差距要低于各类人员的工资性收入差距。非基础部分的待遇实行个人完全积累，它涉及商业保险等制度。这样的制度设计可以保证养老保险财政负担以及企业负担可持续等问题。

2. 底线公平作为理论基础的可行性

底线公平作为事业单位养老保险制度改革的理论基础，体现着中国养老保险理论试图选择一条不同于发达国家的理论抱负与理论勇气，努力克服发达国家养老保险理论所具有的内在矛盾性。工业革命以来特别是第二次世界大战结束以后，发达国家依据日益繁荣的经济以及富裕的财政收入，加上执政党与在野党之间的选举博弈，政府不断地为民众提供项目齐全、福利良好的保障制度。由此出现了包括养老金在内的社会保障待遇不断地刚性增长，并与经济发展及其财政收入的周期性变动之间发生了矛盾，它昭示着发达国家的养老保险理论自身存在着无法调和的矛盾，他们的养老保险理论基础的公平过于简单、抽象和含混不清，依据这样的公平所建立的养老保险理论只能导致这些国家的养老保险制度走向一条"不归之路"，依据这种模糊的理论基础因而不可能解决当代中国包括事业单位在内的各类群体的养老保险制度建设与完善问题。而底线公平理论强调各类人员的养老金待遇主要保障基本的生活需求，而不是体面性需求，不是那种高福利待遇的需求，努力实现养老保险刚性支出与柔性财政收入之间的动态平衡。

底线公平作为整个养老保险制度改革的理论基础，体现着各类人员养老保险制度改革的价值取向与价值导向。一方面，我们是在人口总量世界第一、人口老龄化情况严重、人均收入水平居于中等偏下、各类人员养老制度不一致、养老金待遇差距过大的情况下改革事业单位养老保险制度，这就要求我们着重考虑人们的基本生活需求，而不是体面性生活，底线公平创造性地将人们的生活需求划分为底线需求和非底线需求两部分，强调政府优先关注底线福利需求，非底线福利需求则需要个人的努力，与个人的工作相挂钩，从而形成政府、市场、社会与个人相结合的责任共同体，确保财政支出优先解决民众的基本生活需求，防止养老金差距持续扩大，实现经济发展水平与社会公平的有机结合。

另一方面，我们是在看到发达国家养老保险制度建设中面临的种种困境后进行的自我完善与自我发展式改革。因此，我们的改革就不能更不应该重走发达国家的错误之路，尤其不能重复别人的错误，特别是不能重复别人错误的理论基础、理论内容及理论体系，而应该运用我们的智慧妥善解决养老保险制度建设中养老金待遇刚性增长与财政收入经常变动之间的矛盾，妥善解决人们的养老金待遇需求无限性与财政负担有限性之间的矛盾，妥善解决养老金收入理当缩小各阶层收入差距与固化人们经济社会地位之间的矛盾。解决这些矛盾只有依据底线公平，注重养老保险中具有底线性质的制度设置及待遇供给。

同时，底线公平通过基础整合阐明了事业单位养老保险制度的改革方向、改革任务、建设目标及建设途径。它要求我们在事业单位养老保险制度改革中坚持"政府首责"的同时积极争取各方力量，构建起以政府、市场、社会以及个人（家庭）为动力源泉的主体网络，确保事业单位人员的养老金不因这场改革而降低。其中，事业单位人员的基本生活需求、也就是基础养老金部分要充分发挥政府的作用，强调政府的责任担当；各类社会组织、社会群体以及民众自身着重解决事业单位人员的非底线养老金的供给，前者体现着"雪中送炭"，后者强调了"锦上添花"，通过这两方面的结合，形成养老金体系的建设合力。

3. 底线公平作为理论基础的可及性

底线公平很好地解决了养老保险制度领域内公平与效率不可调和性。养老保险制度建设以来，以公平为价值理念就成为各国的内在要求与客观依据，公平贯穿于养老保险制度建立的全过程，追求公平成为世界各国完善养老保险制度的不二选择：公平性好的养老保险制度建设质量就会高。迄今为止，还没有哪一个国家敢于对外宣示他们建立的养老保险制度不是以公平为价值理念，不是以公平为逻辑起点，没有哪一个国家不去诉求更加公平的养老保险制度改革。

然而，这种以公平为理念所建立的养老保险制度在建设与改革过程中并没有很好地体现出公平的价值理念，也没有体现出公平的制度安排及待遇设计，反而不自觉地走向了它的对立面——效率，是借公平之名行效率之实。例如，养老保险本意是为了预防各类职工在年老等风险发生时能够保障其基本生活水平不受影响，乍看起来似乎是一个体现并实践着公平理念的民生制度，似乎不应遭到我们的诘难。可是，这种采取社会统筹与个人账户相结合、实行雇主（政府）与雇员按照一定费率缴费而设置的制度恰恰又是按照效率原则所设立的：雇主与雇员的缴费基数、缴费能力、缴费水平决定着参保者个人的社会保险待遇，这就意味着高收入群体最终所获得的社会保险待遇要远远高于低收入群体，效率优先原则在这里体现得淋漓尽致，养老保险基金向高收入群体逆向转移的倾向十分明显。而底线公平则试图解决这一对矛盾，努力实现公平与效率的统一。

4. 底线公平在事业单位养老保险制度改革中的价值

底线公平理论回答了当前我们如何更好地推进事业单位养老保险制度改革这样一个社会热点话题。肇始于20世纪90年代的事业单位养老保险制度改革之所以进展缓慢，民众对各种方案不甚满意，原因有很多，关键一条就是缺乏科学的理论作为指导，尤其缺乏科学的理论基础与理论根据。一方面，人们都知道绝不能以新自由主义理论为改革的基础，不能按照个别国家过去所确立的、在实践中导致贫富差距极其严重并诱发众多问题的那一套理论去指导包括事业单位在内的整个养老保险制度的顶层设计，也不能以维护资本主义政治经济运作体系为目标、无限加大国家的财政投入力度并由此陷入养老金支付危机的那套福利国家理论去指导养老保险制度的顶层设计。另一方面，我们在批判国外相关理论的同时却没有能够找到符合中国实际、促进养老保险制度更加公平、更可持续发展的理论基础，也没有根据中国国情构建起能够指导事业单位养老保险制度改革的理论。

底线公平则回答了这样的问题，解决了上述矛盾。它清楚地界定了包括事业单位在内的整个养老保险制度的改革原则与标准、项目及目标，它强调进行"基础整合"，实行养老保险制度的统筹改革，合理地界定了政府、市场、社会以及个人（家庭）的责任与义务。兼顾了机关、事业及企业三类职工的养老金结构。例如，过去我们按照工资性收入实行个人、企业共同出资建立了"个人账户"与"社会统筹"相结合的养老保障模式，表面上看似乎已经非常清楚地界定了各自责任，体现了公平原则。其实，这种以工资收入为缴费基数的养老保险制度反而扩大了不同收入群体之间的养老保障待遇差距，出现了养老保险金支出向高收入群体倾斜的局面。而底线公平理论则强调政府有责任普遍性地给予人们建立起包含以基础养老金为主、个人账户养老金为辅的养老保险金账户。其中，基础养老金保证民众的基本生活水平不致降低，基础养老金的高低与个人的工资多寡无关，而个人账户养老金则要发挥社会以及个人的力量，为使民众能够过上"体面的生活"而提供制度安排。

四 事业单位养老保险基础普惠理论

上述情况表明，当前各类人员之间的养老金待遇水平存在着不同群体之间、不同地区之间的参差不齐，各类人员的养老保险制度没有很好地起到促进社会公正的作用，有些群体的养老金待遇水平过低，而有的群体的养老金待遇较高，甚至有"固化阶层"、进一步"扩大收入差距"的趋势[1]，迫切需要寻求一种能够保障老年人基本生活需求、解决养老金水平参差不齐问题的制度安排。因此，结合国内外已有的学术成果我们提出了基础普惠理论。

1. 基础普惠理论的基本内涵

普遍与普惠是包括养老在内的各项民生制度的建设基石，也是世界各国制定民生政策的重要价值尺度，体现着现代国家对公民的责任与义务，更是确保该项民生制度更可持续的根本保证，一味地强调普惠必然扩大普惠的范围与标准，引发该项制度的财政负担压力，加剧了该项制度不可持续的风险。因此，基础普惠

---

① 朱火云、高和荣：《人口老龄化会导致新农合"破产"吗》，《国家行政学院学报》2016 年第 5 期。

虽然用来作为事业单位养老保险制度建设的理论基础，但是它还可以广泛应用于其他民生项目如教育、医疗、就业、贫困以及住房等领域，是由政府、社会及个人提供的与经济发展水平相适应、满足民众基本生活需求的福利项目。

基础普惠具有普遍性、基础均等性、适度性以及更可持续性等特征。一方面，各类职工的养老保险制度应该实现整合，相互之间要实现统筹，每位职工甚至城乡居民以及其他灵活就业人员等都要纳入到该制度体系的保护范围内，做到应保尽保；另一方面，各类职工的基础养老金更多地与地方经济社会发展水平相适应，与当地居民基本生活水平相适应，而与个人的缴费能力及单位的性质关系不大，因而体现均等的特性。从项目上看，基础普惠理论不仅要建立完善的养老体系，而且要健全养老服务体系，以便解决民众基本的养老需求。同时，这样的普惠不是高福利、高水平，它要与经济发展水平相适应，即与政府的财政供给能力相适应，与社会的发展水平相一致，解决民众基本的日常生活需求问题。

从价值上看，基础普惠是公平正义的集中体现，体现了政府对民众养老问题的承诺以及公民福利权利的平等。它体现在：任何职工都应该得到政府和社会的保护，最大限度地保障职工的生存安全，任何职工不论其工作性质及工作岗位及职务高低，都应该公平地获得满足其基本生活需要的保障项目及待遇。因而这样的公平建立在职工的基本需要基础上，体现了基础性公平以及基本需要为本，它充分考虑到职工逐步增长的基本的物质生活需要，让发展的成果惠及全体人民。同时，基本生活需要平等与普惠并不排斥个人的工作积极性的发挥，以便获得较高的非基础的养老金待遇以及个性化的养老服务需求，非基础部分不仅体现着效率原则，更激发了社会活力，指向了社会进步与社会发展。

2. 基础普惠理论对适度普惠理论的扬弃

基础普惠理论主要从性质方面界定事业单位养老保险制度的改革原则、要求及方向。政府在顶层设计养老保险制度的时候要明确哪些项目属于基础性的，哪些项目属于非基础性的；个人基础性养老金待遇所得应是多少，财政支出数量大约多少；获得基础性养老金能否解决职工退休后的食品、衣着、交通通信、文娱、日常生活设施等生活需求项目的支出，等等。在基础普惠理论指导下，政府要将包括事业单位在内的各类人员的养老金项目划分出基础部分与非基础部分，使财政优先解决基础养老金部分，任何人只要符合条件都可以获得，从而确保参保者能够享有基本的养老金待遇，让他们享受经济社会发展的成果，从而将权利的一致性与政府责任的底线性有机结合起来。而非基础部分则需要个人的能力、社会的支持以及其他组织的帮助才能获得，它体现着义务性原则，它体现出对适度普惠理论的扬弃。

适度普惠理论更多地从量的角度、也就是从程度上试图解决事业单位养老保险制度顶层设计时缴费与待遇标准确定问题。早在 2006 年，民政部就提出要"推动我国社会福利由补缺型向适度普惠型转变"，使社会福利惠及全部老年人、残疾人和困境儿童，这就是某种程度的、一定范围内的普惠。这是关于适度普惠的最早提及。2009 年，王思斌系统地阐述了"适度普惠型"社会福利体系构想，认为它是由"政府和社会基于本国经济和社会状况，向全体国民提供的、涵盖其基本生活主要方面的社会保障"[①]。从覆盖对象上看，适度普惠针对全体国民，涵盖他们"基本生活的最主要方面"，适度满足他们的"基本需要"而不

---

① 王思斌：《我国适度普惠型社会福利制度的建构》，《北京大学学报》2009 年第 3 期。

是"高级需要"，适度普惠把财政支付能力与民众的基本福利需求结合起来。

在事业单位养老保险领域，基础普惠理论是对适度普惠理论的扬弃。一方面，基础普惠理论肯定并吸收了适度普惠理论中的合理成分，那就是在养老金领域坚持必要的普惠，确保所有退休人员享有基本的生活保障。而且这种普惠不是高水平、高福利式的普惠，更不是无限度的普惠，而是适度的、基础性的因而是有限度的普惠。这种思想具有普遍适用性，我们在推进事业单位改革中应该予以吸收。另一方面，基础普惠理论又抛弃了适度普惠中含混不清之处：在事业单位养老金方面何为适度，适度普惠的责任要求及责任结构怎样，哪些项目适度、哪些项目不适度？对于这类问题，适度普惠理论还不能很好地回答。事实上，适度普惠最初是针对社会救助项目提出来的，如果任意地拓展适度普惠理论适用范围势必导致适度普惠理论的僭越。

依据基础普惠理论，可以将事业单位人员的养老金及养老服务等项目科学划分为基础部分与非基础部分，进而把各类人员的养老金制度有机整合起来，实现了基础与非基础的统一。这种基础性主要相对于机关及企业职工而言，明确三类人员的养老采取基础普惠与非基础待遇相结合的养老保险制度，在基础养老金部分三类人员要体现出大致相同的待遇，并与城乡居民人均纯收入保持合理的范围；而非基础部分也就是个人账户等部分则要体现出非基础、个性化、差异化特性，以解决这类群体较高层次的需求。

3. 基础普惠理论对全民共享理论的超越

从目的上看，基础普惠理论运用在事业单位养老保险制度改革领域，它需要在整合底线公平理论后顶层设计事业单位养老保险改革方案。它通过反思 2008 年国务院颁布的《事业单位养老保险制度试点方案》以及 2015 年国务院颁发的《关于机关事业单位工作人员养老保险制度改革的决定》，结合事业单位养老保险制度在实施过程中存在的种种问题，提出更加科学完善的事业单位养老保险制度方案，试图让所有职工能够普遍性地享有基本均等的养老金待遇，促进各类职工基础养老金的公平供给，缩小各类职工的养老金待遇，让所有职工共享社会经济发展的成果。因此，基础普惠理论不仅只解决事业单位本身的养老保险制度建设问题，而是通过优化事业单位养老保险制度，为机关单位的退休养老制度改革提供经验与借鉴，为企业职工养老保险制度的完善提供新的方向，进而为设定更加合理的城乡居民养老金待遇提供可靠的依据。因此，这样的基础普惠理论体现出它所覆盖到的人员普遍共享。

作为包括事业单位养老保险在内的社会保障制度的发展目标，"全民共享"是 2009 年中国发展研究基金会在其年度发展报告中提出来的理论。它认为，"全民共享"是未来中国社会保障体系公平性最重要的体现，"全民共享"在事业单位养老保险制度层面主要体现在"逐步提高社会保障水平和社会保障的公平性"方面，保证所有职工共享社会经济发展成果。因此，全民共享在把公平作为首要原则的同时坚持公平与效率相结合，坚持社会保障水平与经济发展水平和各方面的承受能力相适应，实现社会保障可持续发展的原则；它强调政府与社会相结合，以政府为主导的原则。养老保险制度作为该制度框架的主体部分，促进财政优先用于解决民众基本的养老需求，同时鼓励单位和个人建立职业年金或企业年金以满足有支付能力群体的更高需求。

基础普惠理论是对全民共享理论的超越。作为一个比较宽泛的理论，全民共享只是原则性提出了养老保险的一般要求及基本目标，它无法准确地界定包括事业单位在内的整个养老保险制度领域"共享"的对象、项目、范围及大小，无法科学地划分共享的程度、方式及形式等。基础普惠理论不仅注重各类人员的"共享"，而且科学划分他们的应得待遇，各自的责任大小，以及普惠的形式及方式等。因而是对全民共享理论的超越。

4. 基础普惠理论的实践价值

用基础普惠理论指导事业单位养老保险制度改革，是底线公平理论与基础整合理论的贯彻与应用。某种程度上，它是对底线公平理论及基础整合理论的具体化与操作化；坚持底线公平必然要注重基础普惠，强调基础普惠实质上就是在贯彻底线公平，基础普惠进一步明确了公平的范围与要求以及公平的程度。也就是说，何种范围内必须要考虑并坚守公平，坚守到公平的何种程度？同时，基础普惠回答了普遍整合的界限及尺度。所以基础普惠是底线公平及基础整合理论的深化。

例如，在养老保险领域，公平与效率均衡点一直难以找到。改革开放初期，经济建设作为整个社会的重心，养老保险只是作为减轻国有企业负担的配套措施，效率优先成为养老保险制度顶层设计的着眼点，也成为各地民生建设的基准，"应保参保"成为一句空话。与此同时，机关及事业单位养老保险却又十分注重较高待遇的公平，各类职工的养老保险制度就出现了公平与效率的断裂和失衡，由此引发了社会各界的普遍不满。基础普惠根据底线公平的价值理念，强调注重基础养老金建设，把这部分当成体现并彰显公平的重要方面，认为这是每位职工最起码的公平诉求。个人账户养老金等体现效率，注重发挥社会及个人自身的力量。通过这样的制度设计能够在公平与效率之间找到一个均衡点与平衡点。于是，基础普惠与底线公平就实现了统一。

另外，与底线公平所不同的是：基础普惠还可以从量的方面探索事业单位养老保险制度的结构与内容，可以明确基础养老金的设定标准等，从而可以很明晰地知晓各类人员所要"普惠"的

"基础"在哪里？养老金待遇在多大程度及范围上就体现为公平、普惠？而底线公平更多地体现为质性方面，它主要强调公平的性质与要求，因而不宜过于具体化与量化，基础整合的情况也有点类似。所以，基础普惠理论的提出有助于深化底线公平及基础整合理论，形成对适度普惠与全民共享理论的超越，能够成为包括事业单位在内的各类人员养老金制度的理论基础与理论支撑。

五　小结

事业单位养老保险制度改革方案在试点过程中所存在的种种问题昭示着我们应该从理论上反思现有的制度设计，对现有的养老保险理论基础、理论内容展开前提批判，结合中国特有的养老文化与养老心态提出中国自己的养老保障理论，而不能抽象地照搬西方养老保险理论的公平基础，也不能过分依赖西方养老保险理论内容，把它简单地移植到中国事业单位养老保险理论构建当中来，更不能把改革事业单位养老保险制度当成减轻财政负担的一种手段，而是把它作为整个社会设置中具有独立性质、功能不可替代的独特性制度安排。因此，我们所构建的事业单位养老保险理论是反映着我国经济发展水平与文化意识形态，具有历史文化性、层次性、价值性以及平等性等特点，这样的理论要能够从根本上回答并解决发达国家养老保险制度百年来所面临的深层次矛盾。这是构建事业单位养老保险理论的现实依据与逻辑起点。

从这个起点出发，在吸收底线公平理论及基础整合理论基础上我们提出了基础普惠理论，用来指导包括事业单位在内的各类职工的养老保险理论。认为基础普惠就是在养老保险制度改革方案顶层设计的时候政府承诺提供满足其基本生活需求的养老金待遇，促进各类人员双向自由流动的养老保险制度，各类职工的基础养老金待遇大致相同，它体现着权利的一致性以及待遇的公平性。基础普惠强调政府的责任就在于建设好基础养老金部分，使之能够解决参保人员的基本生活。同时，通过非基础部分的养老金制度设计，允许并鼓励各主体通过自身努力获取较高待遇水平的养老金，促进养老保险制度更加公平与更可持续。从结构上看，基础普惠包括"基础"与"非基础"两个部分。其中，"基础"部分主要对应基础养老金，"非基础"部分包括"个人账户养老金"。于是，基础普惠理论就实现了公平与效率的有机结合，实现基础普惠，需要明确各个主体的责任关系与责任结构。

为此，就要明确基础普惠与适度普惠、基础普惠与全民共享之间的辩证关系，把基础普惠当成是对适度普惠以及全民共享等理论的扬弃与超越，是对适度普惠及全民共享的具体化、时代化与科学化。在基础普惠理论指导下，事业单位养老保险制度可以划分为三个支柱：基础养老金为第一支柱，它是整个养老保险制度的核心；个人账户养老金为第二支柱，职业年金构成了第三支柱，这两者构成养老保险制度的补充。第一个支柱可以立即实行强制性，后两个支柱可以采取诱致性。事业单位养老保险三个支柱结构的建立有助于保证养老金替代率不至于过度降低，有助于养老保险制度更加持续地建设。实现基础普惠需要明确政府在事业单位养老保险制度中的财政责任范围与责任大小，形成更为合理的财政责任结构，促进事业单位养老保险制度公平与财政可持续的有机结合。

第六章　事业单位养老保险制度改革方案设计

　　总结事业单位养老保险制度的改革历程，分析事业单位养老保险制度的改革方案，构建事业单位养老保险理论体系，目的就是要以基础普惠型养老保险理论体系为基础重新设计出新的制度框架，不断增强各类人员养老保险制度的整合，促进各类人员的流动，推进养老保险制度更加公平、更可持续地发展。这就需要我们对现行的事业单位养老保险制度进行顶层设计，优化事业单位养老保险制度改革试点方案。

一　基础普惠理论下事业单位养老保险制度框架

　　依据基础普惠理论优化事业单位养老保险制度，其实就是要建立一种基础普惠型事业单位养老保险制度。它是政府在顶层设计事业单位养老保险制度改革方案的时候，充分考虑到我国独特的国情与养老文化，向事业单位人员进而向其他所有职工承诺提供满足其基本生活需求的基础养老金待遇，以便促进事业单位人员与其他职工双向自由流动的养老保险制度。同时，通过"非基础"部分的制度设计，允许并鼓励各主体通过自身努力获取较高待遇水平的养老金，以解决各类人员多样化、多层次养老需求，促进养老保险制度公平、可持续与财政可持续。

1. 基础普惠型事业单位养老保险制度结构

从制度结构上看，基础普惠型事业单位养老保险制度包括"基础"与"非基础"两个部分的制度。其中，"基础"部分主要解决基础养老金，它着力解决退休人员最基本的生活需求，能够解决各类退休人员的食品、衣着、交通通信、文娱、日常生活设施等方面的支出，基础部分注重公平，体现普惠，其他群体如公务员及企业职工的"基础"部分也要具有这样的功能；"非基础"部分包括"个人账户养老金"及"职业年金"等部分的制度，它们的待遇根据个人的缴费情况及缴费意愿来确定，主要解决事业单位人员退休后非基本的生活需求，甚至较为体面的生活需要。因此，它不仅与事业单位人员本身的工作绩效等因素有关，也与个人的缴费意愿有关，"非基础部分"彰显效率。于是，基础普惠型事业单位养老保险制度就实现了公平与效率、基础与非基础的有机结合。具体结构如图 5-1 所示。

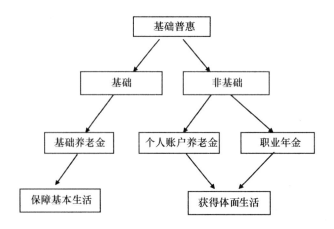

图 5-1 基础普惠型事业单位养老保险制度结构

从内容上看，基础普惠型事业单位养老保险制度采取企业职工养老保险缴费模式，各事业单位以本单位职工上年度月平均工资总额为基数，按照 2015 年国务院的办法缴费费率设定为 20%，职工按其本人上年度月平均工资总额的 8% 缴费，单位缴纳部分进入社会统筹账户，个人缴费形成个人账户。从长远来看，如此高的缴费费率对于企业来说根本没有任何可比性以及可复制性。因为我国企业职工五项社会保险总费率已经达到企业职工工资总额的 39.25%，位列进入统计的 173 个国家的第 13 位[①]，更遑论比企业职工基本养老保险缴费费率还要高 6% 左右的机关事业单位。实际上，尽管我们的包括养老在内的各项社会保险缴费费率很高，但是我们所获得的养老金待遇仍然偏低。所以，社保待遇低的实质不在于缴费，而在于制度设计方面。

从这个角度看，笔者认为应该切实降低事业单位及其参保者个人的缴费费率，新参保者其单位缴费费率从现行的 20% 下降到 10% 以下，企业职工的单位缴费费率新人也从现行的 14% 左右下降到 10% 以下。而事业单位个人的养老保险缴费费率则从现行的 8% 下降到 5% 左右，将来企业员工的缴费费率也应该下降到相应的地步，以便不增加这类员工的社会保险缴费负担。同时，单位再按照本单位职工上年度月平均工资总额的 4% 左右为职工建立职业年金，包括事业单位员人员本身在内的各类职工都无须缴纳职业年金费用。

至于基础养老金计发标准不能简单地按照"当地上一年度社会平均工资和指数化个人平均工资的平均值为基数，缴满一年发给 1%"，而应该采取待遇确定型测算基础养老金的额度。在基

[①] 关博：《降低"五险一金"缴费率 合理降低企业人工成本》，国家发改委网站，2016 年 8 月 29 日。

础养老金部分，待遇确定型就是确保基础养老金能够解决参保者个人的基本生活需要，也就是要兼顾到食品、衣着、交通通信、文娱、日常生活设施等项目的支出需要，要与社会平均工资水平相挂钩，寻求这三者之间更加科学的结构比例关系。当然，个人账户计发办法可以按照现行的职工退休时个人账户总额除以相应的计发月数计算。职业年金作为一种补充养老保险，与事业单位养老保险基金一起参与社保基金共同运营与管理。

实现基础普惠，需要明确各个主体的责任关系与责任结构，政府要对现行的各类职工养老保险制度进行优化设计，把机关、事业及企业职工的养老金待遇差距控制在合理的范围内，在做实个人账户的同时严格执行职业年金制度，实行个人缴费制度，所有机关、事业单位人员作为参保者都必须缴纳参保费，各类职工的缴费比例及缴费系数相同，并引导企业为职工建立企业年金，规范职业年金的提取程序及规则。这样，基础普惠理论指导下的事业单位养老保险制度就具有统筹性、整合性、权利与义务一致性等特性。

2. 基础普惠下事业单位养老保险制度内容

以基础普惠理论指导事业单位养老保险制度的改革，可以把事业单位养老保险制度划分为三个支柱：基础养老金为第一支柱，它是政府承诺的、解决参保者基本生活需要的养老金，它不因为参保人的身份、地位差异而有所不同，各类参保者的基础养老金差距应该不大，因而它起到缩小各类群体养老金收入差距功效，体现了"去商品化""去身份化、去地域化"特征①，是社会公正的最直接表现，体现了底线公平和基础整合特

---

① 高和荣、夏会琴：《去身份化和去地域化：中国社会保障制度的双重整合》，《哈尔滨工业大学学报》2013 年第 1 期。

性，因而超越了党派和政治属性；个人账户养老金为第二支柱，它体现适度公平以及个人义务的原则，是基础普惠的展开，也是提升个人参保意识、增强自身应对养老风险能力的选择；而职业年金构成了第三支柱。在这三支柱养老金体系中，前面两个支柱可以采取强制性，第三支柱可以实行自愿性原则，而且统筹区域范围内的职业年金参保率应该与企业职工职业年金参保率相当。事业单位养老保险制度三支柱结构的建立实现了国家、单位及个人责任的有机结合，体现了底线公平、普遍整合及基础普惠原则，有助于提高养老金替代率，避免事业单位人员的养老金待遇下降。

基础普惠型事业单位养老保险制度采取基础养老金和非基础养老金独立运行。现行的企业职工基本养老保险制度实行社会统筹与个人账户相结合的"统账结合"模式，在实际运行过程中二者并没有独立运行，而是混合运行，一些地方直接挪用个人账户资金，造成个人账户只有名义记账而没有实际资金积累，使得部分积累制的养老保险模式名不副实，进而慢慢演化为现收现付制。我们认为，在事业单位领域可以率先将基础养老金和非基础养老金分别管理，有助于防范个人账户"空账运行"，有利于我国部分积累制养老保险模式的真正实现，避免完全现收现付制和基金积累制的弊端。吸取两种类型的养老金独立运行优势，企业职工的个人账户与社会统筹部分也要逐步独立运行，便于三种养老保险制度的整合。

结合我国事业单位实际，基础普惠型事业单位养老保险制度应该与企业职工基本养老保险的改革思路相同，实行社会统筹和个人账户相结合模式，逐步实施针对事业单位人员的职业年金制度，这既能平息民众对"双轨制"或"三轨制"造成机关、事业单位与企业职工养老金差距过大的不满，又能促进机关、事业及企业之间的双向、自由流动，也便于三种养老保险制度的整合，而不宜另起炉灶、重新设立新的事业单位养老保险制度。为此，机关、事业及企业应该统一采取社会统筹和个人账户相结合的养老保险模式，同时引导参保单位为员工建立职业年金或企业年金；整合公务员、人力资源和社会保障等部门的相应养老保险管理经办机构，三类人员的养老保险业务统一由社保经办机构管理，三类人员的社会统筹与个人账户基金按完全相同的办法计发，职业年金和企业年金可以在退休时一次性发放。这样可以保证机关、事业单位和企业三类人员的基础养老金待遇保持一致，同时因个人账户养老金以及职业年金的设置而有所差别，既保证基础公平而普惠，又兼顾各人的缴费及贡献，实现了公平与效率的统一。

实现上述制度目标，就要明确政府在事业单位养老保险制度中的财政责任。具体来说，在基础养老金方面，政府要缴纳事业单位员工社会统筹资金，保证这类员工足额领取基础养老金，使其基础养老金达到满足基本生活需要的水平，做到基础公平的同时确保其退休后的基本生活获得保障；在非基础养老金方面，政府应该做实个人账户、承担职业年金中单位的缴费，避免事业单位人员因改革而造成养老金待遇大幅度降低，尤其要注意这三类人员乃至今后的城乡居民及灵活就业人员之间的养老金待遇差距不应该过于扩大，同时解决好转轨过程中所涉及的成本问题。对于事业单位人员社会统筹部分及职业年金的缴费，政府可根据这类人员的所属确定责任分担，中央及国家所属事业单位人员的缴费由中央财政预算承担，地方政府及其所属事业单位人员的缴费由地方财政预算承担，而经济不发达或欠发达地区部分收不抵支的事业单位则采取中央与地方共同承担。

二　事业单位养老保险制度改革试点方案的优化

根据基础普惠型事业单位养老保险制度的框架，结合2008年国务院颁布的《试点方案》特别是2015年颁发的《决定》，在待遇确定型思路下合理地提出要建立"基础养老金＋个人账户养老金＋职业年金"三支柱模式。这可以避免改革后所带来的养老金大幅度下降问题，能够确保财政可持续基础上实现制度可持续，而且它与企业职工所提倡的养老保险制度模式相互衔接，便于两者的整合。

为此，我们从基础普惠理论出发，提出基础普惠型养老保险制度体系，将事业单位养老保险金分为基础部分和非基础两部分。其中，基础部分的养老金由基本养老保险予以承担，非基础部分旨在提高事业单位人员养老保险水平，确保其退休后能够体面地生活，它由个人账户养老金及职业年金来解决。因而事业单位养老保险制度的"基本养老保险＋职业年金"框架模式就演变为"基础养老金＋非基础养老金"或者"基础养老金＋个人账户养老金＋职业年金"模式。通过这个模式，可以大大降低参保单位及个人缴费费率过高问题，解决覆盖对象不公平、缴费水平不合理问题，以待遇为前提的制度设计又会解决养老金替代率大幅下降等问题。因而使得这样的养老保险制度更加公平和更可持续。为此，我们提出了如下优化思路，以增强各类人员对事业单位养老保险制度的改革认同。

首先，公平与基础普惠是完善2008年《事业单位工人作人员养老保险制度改革试点方案》以及2015年国务院《关于机关事业单位工作人员养老保险制度改革的决定》的灵魂与价值起点，也是改革事业单位养老保险制度的价值前提与政策目标。这样的公平其实就是我们在吸收底线公平的同时所提出的基础普惠公平，是对底线公平的具体化与操作化，它要求上述《试点方案》及《决定》在制度定位上促进各类养老保险制度整合与有效衔接，将改革对象扩大至所有事业单位人员及机关公务员，要求所有人员都要交缴养老保险金，从而在增强机关事业单位人员的义务观念及缴费责任的同时减轻财政支出总额，提升事业单位养老保险财政可持续。按照我们的估计，2013 年全国城镇职工人均工资 46769 元①，机关事业单位的平均工资还要高于企业职工，按照这个基数职工每人每月需要交缴 300 元左右的养老金，全国近 4000 万机关事业单位职工每月收入 120 亿元，全年累计收入 1500 亿元左右，机关事业单位个人交缴的养老金实际上可以大大减轻财政支出负担。这就要借鉴企业职工基本养老保险制度设计中企业与个人共同缴费原则，强制性要求所有事业单位人员都应缴费，形成单位与个人共同缴费模式，事业单位统一缴费基数、缴费比例及计发办法。这有利于增进机关、事业单位及企业等职工的养老保险制度统筹与整合，避免各类人员的养老金待遇差距过大，以便将三类人员的养老保险待遇控制在更加合理的范围内。

其次，在制度覆盖对象上，该制度必须要覆盖全体事业单位的全部成员，而不需要先剥离一部分事业单位人员，尤其不能预先剥离出行政类事业单位人员。不仅如此，还要根据 2015 年国务院 2 号文件将该制度覆盖到所有公务员。只有对所有事业单位人员统一改革，才能避免陷入"选择性改革"矛盾中，避免事业单位内部养老保险制度的再度碎片化，进而避免事业单位内部职工之间的攀比。这意味着，"分类"不是事业单位养老保险制度

---

① 参见吴江等《中国人力资源发展报告（2013）》，社会科学文献出版社 2013 年版。

改革的必要条件，从事业单位养老保险制度改革角度看，分类改革完全没有必要。另外，该制度设计同样覆盖到公务员群体，要求所有未退休的公务员都要缴费，避免因事业单位养老保险制度改革造成新的社会不公平。从政策可行性角度来看，在引入单位和个人共同缴费模式后，由于公务员与事业单位人员都要按照本人上年度月平均工资总额的5%缴费，此举同样可以达到"减轻财政负担"功效。所以，这场事业单位养老保险制度的改革最终要覆盖到所有机关、事业单位的全体成员，并与企业职工基本养老保险制度相衔接，在减轻财政负担压力的同时实现社会各阶层养老金待遇的公正供给。

再次，在养老金缴费及待遇计发方面，我们以《试点方案》的施行为节点，结合2015年国务院颁发的《决定》，将参保人员同样分为"老人""中人"和"新人"，对于不同类型的人员采用不同的缴费办法及待遇计算公式。其中，"老人"是指2015年公务员实施机关事业单位养老保险制度改革决定前就已经退休的事业单位人员，这类人员的养老金待遇仍然参照原有的退休养老金计发办法领取退休养老金①，确保他们的退休金待遇不受损失，减少他们对于这场改革的疑虑。"中人"则包含那些尚未退休的在岗事业单位人员，他们应当参照新方案的标准进行缴费，将来这类人员退休后可以采取发放退休养老金办法，本人交缴的养老金则不予返还。也就是说，缴费归缴费，待遇归待遇，这类"中人"的缴费与待遇相分离。而"新人"则是2015年国务院颁发的《决定》实施后参加工作的事业单位人员，这类人员全面施行新的事业单位养老保险制度缴费及养老金计发办法，按照"基本养老保险金＋职业年金"或者叫"基础养老金＋个人账户养老

---

① 我们在调研过程中发现有的试点省份虽然也规定所有事业单位人员都要缴费，但这类人员中有的退休后不仅获得退休养老金，而且个人账户部分全部退还给本人，这显然不合理。

金＋职业年金"合并计算。基本养老保险金由"基础养老金"及"个人账户养老金"两部分构成，事业单位以本单位职工上年度月平均工资总额为基数的10%进行缴纳；职工按其本人上年度月平均工资总额的5%缴费，个人缴费基数设定为事业单位人员社会平均工资的60%—300%。其中单位缴纳部分进入社会统筹账户，个人缴费形成个人账户。同时，单位再按照本单位职工上年度月平均工资总额的4%进行缴费形成职业年金，员工个人无须交缴职业年金费用。基础养老金计发标准依据待遇确定型、参考当地社会平均工资、结合"当地上一年度社会平均工资和指数化个人平均工资的平均值为基数，缴满一年发给1%"等办法综合考虑。个人账户养老金计发办法按照职工退休时个人账户总额除以相应的计发月数计算。职业年金作为一种补充养老保险，实行个人账户管理，与事业单位养老保险基金一起与社保基金共同运营与管理，确保职业年金个人账户的投资收益率。

最后，在财政可持续方面，财政可持续是完善《试点方案》以及改革2015年国务院2号文件的真正动因。如果财政不可持续，再公平的制度也是空中楼阁。合理的机关事业单位养老保险制度应当在保证公平性基础上积极开源节流，减轻事业单位养老保险财政支出负担，使财政支出总量以及支出结构进一步优化，促进财政可持续，做到制度更可持续。我们认为，事业单位养老保险制度应该采用"基础养老金＋个人账户养老金＋职业年金"模式，其中，基础养老金重在保障事业单位人员退休后的基本生活需求，个人账户养老金及职业年金部分则试图起着改善生活需求的目的，让这类人员获得相对体面的生活水准。该制度框架与企业职工"基本养老保险金＋企业年金"设计原理完全一致，便于企业职工与事业单位养老保险制度的衔接与整合。将来的企业职工也可以按照这个缴费费率加以改革，通过鼓励企业缴费为职工建立企业年金的方式提高企业职工的养老金待遇，从而大幅度地降低参保企业的社保费用负担,为企业的发展减负。

另外,在规定所有事业单位人员都缴费的同时,采取"老人老办法,新人新办法,中人自由选择"计发各自的养老金待遇,已经退休的"老人"不需要缴费仍然按照原有的退休办法按月获得退休养老金,他们的待遇保持不变;尚未退休的所有"中人"都需要缴费,他们退休时个人及单位缴费部分不退还,但这类人员仍然可以按照原来的退休办法计发退休金,或者自己愿意参照新的办法领取养老金;设定改革期限后参加工作的"新人",他们的基础养老金计发标准根据当地统计部门公布的八种商品平均消费水平来确定基本生活需要的费用①,个人账户计发办法按照职工退休时个人账户总额除以相应的计发月数,职业年金也参照个人账户办法进行。

为了有效地使用人力资源,缓解人口老龄化所带来的人力资源不足及养老金支出压力等问题,鼓励这类人员适当延长退休年龄至 65 周岁(其中,女性 63 周岁)。当参保者超过 60 岁之后单位及个人均不需要交缴养老金,同时,60 岁后就选择退休的人员可以逐月领取个人账户养老金,基础养老金则达到领取年份后逐月领取。

三　事业单位养老保险制度改革办法的修正

基础普惠型事业单位养老保险制度是否合理,是否形成对2008 年以及 2015 年国务院相继颁发的《试点方案》及《决定》的超越,避免现行的改革方案所无法克服的矛盾,这需要进行理论上的论证和实践层面的验证,然后才能更好地指导事业单位养

---

①　这八种商品分别为:食品、衣着、医疗保健、交通通信、文娱教育、居住、家庭设备用品及服务和杂项。

老保险制度的改革实践。为此，我们从目标替代率角度考察我们设计的方案可行性、合理性与公平性。我们假设，事业单位职工初始月工资为 w_0，参加工作时在岗职工社平工资为 W_0，平均缴费工资指数为 γ，职工退休时在岗职工社平工资为 W，事业单位职工和在岗职工社平工资年增长率相同且为 g，个人账户收益率为 r，缴费年限为 n，个人账户养老金计发月数为 m。[①] 则：

退休时工资为：$w_0 \times (1+g)^{(n-1)}$，$W = W_0 \times (1+g)^{(n-1)}$

$\gamma = (w_0/W_0 + w_1/W_1 + w_2/W_2 + \cdots + w_{(n-1)}/W_{(n-1)})/n = w_0/W_0$，$W_0 = w_0/\gamma$

月基础养老金待遇 $= (W + \gamma W)/2 \times n\% = w_0/\gamma \times (1+g)^{(n-1)} \times (1+\gamma) \div 2 \times n\%$

基础养老金替代率 $=$ 月基础养老金 $/ [W_0 \times (1+g)^{(n-1)}] = (1+\gamma) \div 2 \times n\%$

个人账户养老金替代率 $= 0.08 \times 12 \times [w_0 \times (1+r)^n + w_1 \times (1+r)^{n-1} + w_2 \times (1+r)^{n-2} + \cdots + w_{(n-1)}] \div m \div W$

退休金替代率 $=$ 基础养老金替代率 $+$ 个人账户养老金替代率。

按照上述公式计算《试点方案》完善后的事业单位人员养老金替代率。假设事业单位人员平均入职年龄为 25 岁，个人账户收益率 r = 6%，工资增长率 g = 8%，那么，我们分别选择工资处于社会平均工资水平的 60%、刚好达到社会平均工资水平的 100% 以及工资水平处于社会平均工资水平的 300% 等三类人员，在缴费年限分别为 15 年、30 年和 35 年情况下，个人账户收益率 r 分别为 4%、5% 及 6% 时，计算出各种情形下的养老金替代率。见表 6-1、表 6-2 以及表 6-3。

---

① 计算公式参见龚秀全《机关事业单位养老保险制度改革完善研究》，《华东理工大学学报》2011 年第 6 期。不过，本课题的养老金替代率是以职工退休时的社会平均工资作为基数进行计算的，并不是以职工退休时的个人工资作为基数。

表6-1　r=4%时不同缴费水平、不同缴费年限下事业单位

人员基本养老金替代率　　　　　单位:%

缴费年限	100%社平工资水平		60%社平工资水平		300%社平工资水平	
	基础养老金替代率	个人账户替代率	基础养老金替代率	个人账户替代率	基础养老金替代率	个人账户替代率
15 年	15	5.0	12	3.0	30	15.0
30 年	30	10.75	24	6.45	60	32.25
35 年	35	14.22	28	8.53	70	42.66

表6-2　r=5%时不同缴费水平、不同缴费年限下事业单位

人员基本养老金替代率　　　　　单位:%

缴费年限	100%社平工资水平		60%社平工资水平		300%社平工资水平	
	基础养老金替代率	个人账户替代率	基础养老金替代率	个人账户替代率	基础养老金替代率	个人账户替代率
15 年	15	5.37	12	3.22	30	16.11
30 年	30	12.18	24	7.31	60	36.54
35 年	35	16.37	28	9.82	70	49.11

表6-3　r=6%时不同缴费水平、不同缴费年限下事业单位

人员基本养老金替代率　　　　　单位:%

缴费年限	100%社平工资水平		60%社平工资水平		300%社平工资水平	
	基础养老金替代率	个人账户替代率	基础养老金替代率	个人账户替代率	基础养老金替代率	个人账户替代率
15 年	15	5.77	12	3.462	30	17.31
30 年	30	13.81	24	8.29	60	41.43
35 年	35	18.98	28	11.39	70	56.94

通过对基本养老金替代率计算后发现，按照社会平均工资缴

费水平的事业单位人员基本养老金替代率在个人账户投资收益率达到最高 6% 时按照缴费年限长短达到 20.77%—53.98% 之间。

再假设职业年金参照个人账户投资运营管理，那么，职业年金的投资收益率与个人账户替代率相当，工作满 15 年、30 年、35 年分别为 5.77%、13.81% 以及 18.98%。也就是说，一个处于社会平均工资水平缴费的人员其缴费满 30 年养老金替代率达到 57.62%，相当于之前退休金的 67.79%；缴费满 35 年的整体养老金替代率则有 72.96%，占改革前退休金收入的 81.07%。要想基本达到现有的退休待遇，就需要职业年金具有较高的替代率，这对于职业年金保值增值能力提出了很高要求。

为了解决这个矛盾，较好的修正办法就是延长退休年龄。在其他条件不变的情况下假设男性退休年龄为 65 岁，我们可以计算出一个处于社会平均工资缴费水平 100% 的条件下其个人账户及职业年金替代率（见表 6-4）。结果表明，如果延长至 65 岁退休，其个人账户替代率在 4%、5% 以及 6% 的收益率其替代率分别为 20.79%、24.29% 以及 28.65%。相应地，整个养老金替代率可以达到 81.58%、88.58% 以及 97.3%，与改革前的退休金相当。

表 6-4   以社平工资为缴费基数 65 岁退休者在不同收益率
情况下个人账户替代率   单位:%

个人账户资金收益率	个人账户替代率
4	20.79
5	24.29
6	28.65

如果考虑到一下子延长退休年龄至 65 岁在实施中有些困难，那么可以先延长到 63 岁退休，在其他条件不变情况下此人个人

账户及职业年金的替代率将均可达到 17.55%、20.38% 以及 23.88%（见表 6 – 5）。整个养老金替代率将达到 73.1%、78.76% 及 85.76%。考虑到收益率每年都要保持 6% 难以做到可以选择中位数，63 岁及 65 岁退休时养老金总和替代率将分别为 78.76%、88.58%，与现行的退休养老金待遇差距不大。如果宣传到位，保障有力，改革阻力将大为减少，是一个较为切实可行的实施方案。

表 6 – 5 　以社平工资为缴费基数 63 岁退休者在不同收益率
情况下个人账户替代率　　　　　　单位:%

个人账户资金收益率	个人账户替代率
4	17.55
5	20.38
6	23.88

四　事业单位养老保险改革试点方案完善的财政测算

事业单位养老保险长期财务平衡是检验基础普惠型事业单位养老保险制度科学性、合理性与可行性的关键。因此，我们从财政可持续角度对我们所构建的基础普惠型事业单位养老保险改革方案进行测算，计算未来一段时期内该养老保险制度财政支出及可持续情况。

首先，我们将基础普惠型事业单位养老保险改革方案的财政可持续进行操作化，采用事业单位养老保险财政支出总量这个指标来测量财政可持续情况。通过比较老办法情况下、按照国务院 2008 年的《试点方案》、2015 年国务院《关于机关事业单位养老保险制度改革的决定》以及经过我们完善后的基础普惠型事业单位养老保险制度财政支出总量的变化情况，来说明该制度在促进财政可持续方面是否具有明显的优越性。重点衡量财政支出是增大还是减少并趋于长期精算平衡，民众的养老金待遇降低到何种地步，民众的承受能力如何，等等。

其次，我们采用了联合国"世界人口发展前景预测"有关2050年前各相关年份中国的人口总量、65岁以上人口占总人口的比例，根据2000—2008年事业单位在岗职工人数与全国人口总数得到事业单位在岗职工人数占总人口数的比重稳定在2.05%—2.19%之间①，事业单位在岗职工数占全国总人口比重波动不大。因此，本书假定事业单位在岗职工数占全国总人口比重稳定为2.11%，同时假定事业单位老年人口所占比例与老年人口占全国总人口年龄结构比例相当。关于每年事业单位新进职工数的预测，我们依据2000—2008年间事业单位在岗职工总数情况测算事业单位每年新进人员比例平均为1.03%②。因此设定：事业单位每年新进职工总数占在岗职工总数的比例恒定为1%。我们所构建的基础普惠型事业单位养老保险制度的"中人"在相应年份的人口总数由基期"中人"总数减去新增离退休人数以及死亡人数而得③。最终得到下列各项人口数据表格（见表6-6）。

表6-6　　2010—2050年我国事业单位相关人口数据预测 单位：万人

年份	全国总人口数	65岁以上人口比例（%）	事业单位在岗职工数	65岁以上离退休人数	事业单位新进职工数	事业单位"中人"数
2010	135982.1	8.4	2869.22	241.01	28.69	2840.53
2015	140158.7	9.5	2957.35	280.95	29.57	2723.33

---

①　平均值为2.11%，标准差为0.00057。

②　根据相关年份《中国统计年鉴》中事业单位在岗职工总数计算而得。

③　参考2010年中国人口普查资料设定"中人"平均死亡率数值为5.58‰。

年份	全国总人口数	65岁以上人口比例（%）	事业单位在岗职工数	65岁以上离退休人数	事业单位新进职工数	事业单位"中人"数
2020	143286.8	11.7	3023.35	353.73	30.23	2579.37
2025	144898.4	13.5	3057.36	412.74	30.57	2453.94
2030	145329.7	16.2	3066.46	496.77	30.66	2311.11
2035	144858.9	19.5	3056.52	596.02	30.57	2161.05
2040	143549.9	22.1	3028.90	669.39	30.29	2039.39
2045	141408.9	22.8	2983.73	680.29	29.84	1974.16
2050	138497.7	23.9	2922.30	698.43	29.22	1905.19

第二、第三列数据来源：《联合国世界人口发展前景预测（2012）》，其余各列数据按上文所述方法计算而得。有些数据与实际稍有误差。见 http：//esa. un. org/wpp/ unpp/panel_ population. htm。

再次，借鉴国内学者的有关计算模型，分别按照老办法、2008年《试点方案》以及我们以基础普惠理论提出的改革方案等三种情况计算出事业单位养老保险财政支出的总量①。

第一种，按照"老办法"，每年事业单位养老保险财政支出总量＝当年事业单位离退休人数×基期事业单位在岗职工平均工资×（1＋每年社平工资平均增长率）^（当年年份－基期年份）×事业单位平均养老金替代率×事业单位养老保险财政负担比例。

第二种，根据基础普惠型事业单位养老保险制度设计方案，每年事业单位养老保险财政支出由当年"老人"退休金、"中人"及"新人"基本养老保险单位缴费部分支出及其职业年金单位缴费部分共同组成。"老人"退休金财政支出总额计算办法

———————

① 本书事业单位养老保险财政支出总额计算模型构建参考了郑秉文、孙守纪、齐传君《公务员参加养老保险统一改革的思路——"混合型"统账结合和制度下的测算》，《公共管理学报》2009年第1期中的模型构建方法。

与"老办法"支出计算方法相同。

"中人"及"新人"基本养老保险单位缴费支出＝当年事业单位"中人"及"新人"总数×基期事业单位在岗职工平均工资×（1＋每年社平工资平均增长率）＾（当年年份－基期年份）×基本养老保险单位缴费率×事业单位养老保险财政负担比例。

而"中人"及"新人"职业年金单位缴费支出＝当年事业单位养老保险中"中人"及"新人"总数×基期事业单位在岗职工平均工资×（1＋每年社平工资平均增长率）＾（当年年份－基期年份）×职业年金单位缴费率×事业单位养老保险财政负担比例。

"中人"及"新人"的个人缴费总额＝事业单位"中人"及"新人"总数×基期在岗职工平均工资×5%。这部分构成了事业单位养老金收入，也可以作为做实个人账户的基础。

因此，每年"完善方案"的财政实际支出总额＝"老人"退休金财政支出总额＋"中人"及"新人"基本养老保险单位缴费部分支出＋"中人"及"新人"职业年金单位缴费部分支出—"中人"及"新人"的个人缴费总额。

第三种，在2008年《试点方案》中，《试点方案》中的养老金计发办法及"中人"与"老人"的界定与我们提出的基础普惠型事业单位养老保险制度改革方案相同（缴费费率不同），即2008年的《试点方案》中事业单位财政支出总额＝"老人"退休金财政支出总额＋"新人"基础养老金单位缴费部分支出。该《方案》尚未有职业年金支出以及"中人"的养老金收入两项。

最后，其他相关参数的假设。假定事业单位在岗职工平均入职年龄为25岁，考虑到延迟退休年龄是大势所趋，因此我们将事业单位退休年龄统一设定为65岁。在事业单位职工平均工资以及GDP增长方面，在综合考察现有统计数据、未来工资增长水平以及经济发展状况基础上，假定事业单位在岗职工年平均工资增长率与 GDP 年增长速度持平，为年增速 8%。

此外，在事业单位离退休人员养老金替代率方面，囿于事业单位人员退休金额的可获得性，综合现有事业单位退休金情况及未来事业单位养老金水平可接受范围后，依据所构建的基础普惠型事业单位养老保险制度方案、采用 2005 年事业单位养老金相对于在岗职工平均工资的比例 87% 作为 "老办法" 所能达到的事业单位人员养老金平均替代率①，而基础普惠型事业单位养老保险制度改革方案的养老金目标替代率，即 "新人" 的养老金目标替代率则设定为改革前的 85%，即相当于事业单位社会平均工资的 74% 左右较为合理。由于事业单位按照经费来源可划分为全额拨款、差额拨款及自收自支三类，根据有关学者关于事业单位养老保险财政拨款率的计算结果，假定事业单位养老保险财政拨款率恒定为 50% 左右。测算结果如图 6 - 1 所示。

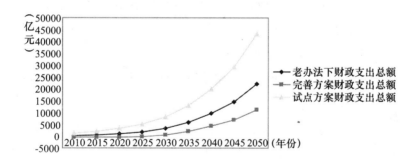

图 6 - 1　2010—2050 年三种方案下事业单位养老金财政支出情况

按照上述测算公式，2010—2050 年间三种方案运行下的事业单位养老保险财政支出总额在总体上均呈现逐渐上升的趋势，这是事业单位退休人口数增长以及事业单位人口老龄化程度加深共

———————

① 替代率＝事业单位退休人员平均养老金/事业单位在岗职工平均工资。数据来源：2006 年《中国劳动统计年鉴》。

同作用的结果。

应当注意到，在三种方案总体呈现增长态势下，2008 年做实个人账户的《试点方案》在各节点年份的财政支出总额均高于其他两种方案的支出①，而"老办法"下的财政支出总额次之，而我们提出的基础普惠型改革方案里财政支出则最低。且伴随着改革的深入这种差距逐渐扩大，《试点方案》与"老办法"财政支出总额增长速度愈发加快且呈现出继续推高的趋势。相比较而言，我们的方案呈现出财政支出总额相对较低、增长速度逐渐放缓态势，特别是 2050 年后，伴随着"老人"逐步消失、"新人"渐次步入退休行列，加上"新人"养老金替代率合理降低，我们提出的改革方案财政支出总额将进一步下降。因此，基础普惠型事业单位养老保险制度将有利于降低财政支出总额，减轻财政压力，使事业单位养老金财政支出呈现可持续发展态势。同时，由于该方案坚持机关、事业及企业职工的缴费费率一致，计发公式一致，因而保证了事业单位养老保险制度的公平性；由于把单位缴费总费率从 28%（含职业年金）下降到 14%，因而大大增强了财政可持续性，从而实现了制度公平性与财政可持续性的有机统一。使得我们提出的基础普惠型方案比 2008 年的《试点方案》以及 2015 年国务院的改革办法更能做到保证参保者个人的养老金收入不至于过度下降，同时实现了财政可持续。

五　事业单位养老保险制度改革的
　　厦门民意支撑

由于事业单位养老保险制度的普遍整合涉及许多利益主体，

---

① 事业单位缴费额度最高的 2015 年改革办法财政支出还要高于 2008 年的《试点方案》。

各参与方都有自己的利益诉求，因此，本书采取政府视角、专家视角、民众视角相结合的研究，实行分层抽样方法于 2012 年1—5 月对厦门市的思明、湖里、集美、海沧等行政区就事业单位养老保险制度改革问题进行了调研与访谈，了解被访者对包括事业单位在内的各类职工养老保险制度的改革建议。

1. 样本基本情况

之所以采取分层抽样，是因为事业单位养老保险制度的改革属于专业性、政策性比较强的问题，一般被访者难以回答并与之访谈。因此，本次调查首先将调查对象分为两大类，第一类调查对象主要分布在政府部门从事社会保障政策研究、制定与实施的领导及相关干部，高校从事社会保障教学研究的教师，企业人力资源部门经理等。具体包括政府的教委及教科所、发改委、财政、医疗卫生、人力资源和社会保障、民政、普通高校、党校或行政学院、党委或政府政策研究室、住房建设或房产管理、乡镇政府或街道办事处以及企业人力资源等 12 个部门。这一类调查样本数为 250 个，样本分布到厦门市所属的思明、湖里、集美、同安 4 个行政区，海沧和翔安没有涉及。第二类调查对象主要包括公务员及参公人员、事业单位人员、城镇企业职工、城镇居民、农村居民以及农民工或外来员工等六类对象，调查的样本数 500 个，样本分布在岛内外所有行政区，其中岛外样本数占该类样本数的 50.1%。样本基本情况如表 6 - 7 和表 6 - 8 所示。

之所以选择厦门而不是南京、上海、潮州、汕头等市，这是因为事业单位养老保险制度改革是一个热点话题，更是一个专业性很强的课题，需要调查者对被访单位及被访者比较熟悉，了解被访单位哪些部门能够对问题进行认真的回答，提出具有针对性的政策建议。显然，由于地缘等方面的优势，我们对厦门市所属各机关事业单位的公务员局、人事局、人力资源和社会保障局、市委政策研究室以及各区相关职能部门比较熟悉，对厦门地区高校、党校从事社会保障教学研究人员的情况比较清楚，能够找到所需要的样本进行问答，确保调研能够深入下去，提高整个研究的科学性与有效性。从实际情况来看，我们前期也到其他城市进行了问卷调查，但样本的质量难以控制。因而最终选择在厦门进行实地研究。

表6-7 厦门市民众调查样本基本情况描述统计

变量及取值		人数（人）	百分比（%）	有效百分比（%）
性别	男	240	48.0	48.4
	女	256	51.2	51.6
	缺失	4	0.8	
年龄	20岁及以下	2	0.4	0.4
	21—30岁	122	24.4	24.6
	31—40岁	161	32.3	32.5
	41—50岁	135	27.0	27.2
	51—60岁	41	8.2	8.3
	61岁及以上	35	7.0	7.1
	缺失	4	0.8	
户口	非农户口	315	63.0	63.8
	农业户口	179	35.8	36.2
	缺失	6	1.2	
文化程度	小学及以下	30	6.0	6.0
	初中	125	25.0	25.1
	高中/职高/中技/中专	144	28.8	28.9
	大学专科	96	19.2	19.2
	大学本科	89	17.8	17.8
	研究生	15	3.0	3.0
	缺失	1	0.2	

表6-8　　　　　　厦门市专家调查样本基本情况描述统计

变量及取值		人数（人）	百分比（%）	有效百分比（%）
性别	男	114	45.6	45.8
	女	135	54.0	54.2
	缺失	1	0.4	
年龄	20岁及以下	0	0	0
	21—30岁	61	24.4	24.9
	31—40岁	100	40.0	40.8
	41—50岁	66	26.4	26.9
	51—60岁	17	6.8	6.9
	61岁及以上	1	0.4	0.4
	缺失	5	2.0	
文化程度	小学及以下	30	6.0	6.0
	初中	125	25.0	25.1
	高中/职高/中技/中专	144	28.8	28.9
	大学专科	96	19.2	19.2
	大学本科	89	17.8	17.8
	研究生	15	3.0	3.0
	缺失	1	0.2	
职称	初级	36	14.4	14.6
	中级	91	36.4	36.8
	高级	46	18.4	18.6
	没有职称	74	29.6	30.0
	缺失	3	1.2	

2. 事业单位养老保险制度的改革态度

表6-9发现，专业人员认为，机关和事业单位实行一个养老制度"非常可行"或"比较可行"的累计占83%，"不太可行"或"非常不可行"的累计仅占16.9%。这意味着，专业人员认为整合机关、事业单位养老保险切实可行。而认为事业单位

和企业实行同一个养老制度"非常可行"或"比较可行"的占
75.8%，认为"不太可行"或"非常不可行"的累计仅占
24.2%；认为三者实行同一个养老制度"非常可行"或"比较
可行"的占73.6%，认为"不太可行"或"非常不可行"的累
计仅占26.4%。

表6-9　专业人员对机关、事业、企业统一养老保险制度可行性

单位:%

项目 态度	非常可行	比较可行	不太可行	非常不可行
机关和事业单位统一	39.9	43.1	10.9	6.0
事业单位和企业统一	29.4	46.4	19.4	4.8
机关、事业单位和企业统一	33.6	40.0	22.8	3.6

我们在厦门市人力资源和社会保障局的访谈发现，作为社保
局公务员的被访者在回答"公务员参加何种养老保险制度比较合
理"的时候，他们普遍认为应该"实行全社会统一，与企业职工
实行同一种制度。当然，为了稳妥起见可以设立一个过渡期，按
照老人老办法、新人新办法处理"①。这说明，各类职工养老保
险制度的统筹改革实际上已经得到了包括机关公务员的认同，这
在一定程度上证明了以基础普惠理论为龙头整合各类职工养老保
险制度比较"可行"，能够得到大多数利益相关的被访者的"支
持"和"认同"，是一种较为公平的制度设计。

被调查的民众认为，公务员和事业单位人员的养老保险应该
实行"同一制度"的占72.9%，认为两者可以分设不同制度或
者认为两者应当采取"不同制度"的仅占10.4%，而回答"不

————————
①　资料来源:2012年6月5日本书课题组在厦门市社保局的访谈所得。

清楚"的占 16.6%。这表明,尽管民众对这项制度整合的复杂性还存在着不同的认识,但普遍认为这三类人员应该实行同一个制度。其中,民众认为,事业单位和企业应该实行同一个养老保险制度的达到 74.5%,只有 14.1% 的民众认为应该继续分设不同的制度,具体见表 6-10。由此可见,无论是普通大众还是专业人员,比较支持应该对三类人员的养老保险制度加以整合,解决三类人员的养老保险制度的碎片化问题。

表 6-10 **民众对机关、事业、企业养老保险制度改革的态度** 单位:%

项目 态度	同一制度	不同制度	不清楚
公务员和事业单位人员养老保险	72.9	10.4	16.6
事业单位人员和企业职工养老保险	74.5	14.1	4.4

既然整合的态度趋于一致,那么如何整合就成了必须面对的问题。在对公务员适合何种养老保险制度问题上,对 250 位专业人员的调查发现,选择适合事业单位社会养老保险制度、适合城镇职工社会养老保险制度以及仍然保留单独的养老保险制度的比例分别为 32.7%,45.4% 和 21.9%,表明即便是专业人员本身(他们大多数为机关事业单位人员)也支持与事业或企业的职工养老保险制度整合,而相对较少的人同意让机关公务员单独建章立制。其中,前两项累计为 87.1% 的专业人员被访者认为可以与现行的事业单位及企业职工养老保险制度加以合并。

从整合的必要性上看,74.5% 的专业人员被访者认为有必要将公务员、事业单位人员和企业职工合并为一个养老保险制度,只有 24.5% 的专业人员被访者认为"不必要"和"非常不必要",显示出将公务员、事业单位人员和企业职工三类人员的养老保险制度整合为一个制度是具有必要性。对专业人员的访谈发现，被访者普遍支持养老保险制度的整合或并轨，他们最大的担忧是如何保证已有的退休养老金待遇不至于过度下降，如果能够妥善解决这个问题。对于他们来说，制度整合及管理机构的整合就不存在任何障碍。

这表明，无论是专业人员还是普通群众，各类被访者普遍希望加快改革机关、事业单位和企业的养老保险制度，将机关、事业单位和企业的养老保险制度整合成一个更具有公平性与持续性的制度。这为我们以底线公平为基础、建设基础普惠型养老保险制度体系，着力完善事业单位养老保险制度改革试点方案，统筹促进机关、事业及企业等各类群体的养老保险制度夯实了深厚的民意基础。

六　事业单位养老保险制度改革的重庆民意分析

重庆市是我国的四个直辖市之一，是国务院批准的"全国统筹城乡综合配套改革试验区"，具有"大城市大农村"的特点，代表我国城乡结构的一种特殊类型，被课题组选定为实地调查点之一。2012年1至2月间，我们对重庆市的事业单位养老保险制度的建设情况进行了实地调研和问卷调查。

1. 调查样本的基本情况

为全面了解重庆广大民众对事业单位养老保险制度的改革建议，我们对重庆的北碚区、南岸区、合川区和綦江区4个区进行了问卷调查。根据研究需要，与厦门的做法一致，也是将调查对象分为两大类：第一类调查对象为民众，调查样本500人，包括普通公务员及参公人员、事业单位人员、城镇企业职

工、城镇居民、农村居民以及农民工等六类；第二类调查对象
为专业人员，调查样本 250 人，主要是分布在政府部门从事社
会福利政策研究、制定与执行的工作人员，高等学校从事社会
福利教学研究的教师和企业人力资源部门管理人员，具体包括
政府的教委及教科所、发改委、财政、医疗卫生、人力资源和
社会保障、民政、党委政府政策研究、住房建设或房产管理、
乡镇政府或街道办事处、企业人力资源、普通高校、党校和行
政学院（校）等 12 个部门。重庆市的样本情况如表 6 - 11、表
6 - 12 所示。

表 6 - 11　　　　　重庆市民众调查样本基本情况统计

变量及取值		人数（人）	百分比（%）	有效百分比（%）	累积百分比（%）
性别	男	221	44.2	44.2	44.2
	女	279	55.8	55.8	100
年龄	20 岁及以下	2	0.4	0.4	0.4
	21—30 岁	68	13.6	13.6	14.0
	31—40 岁	104	20.8	20.8	34.8
	41—50 岁	159	31.8	31.8	66.6
	51—60 岁	101	20.2	20.2	86.8
	61 岁及以上	66	13.2	13.2	100.0
户口	非农户口	289	57.8	57.8	57.8
	农业户口	211	42.2	42.2	100.0
文化程度	小学及以下	109	21.8	21.8	21.8
	初中	163	32.6	32.6	54.4
	高中/职高/中技/中专	110	22.0	22.0	76.4
	大学专科	65	13.0	13.0	89.4
	大学本科	35	7.0	7.0	96.4
	研究生	18	3.6	3.6	100.0

表 6－12　　　　　重庆市专家调查样本基本情况统计

变量及取值		人数（人）	百分比（％）	有效百分比（％）	累积百分比（％）
性别	男	125	50.0	50.0	50.0
	女	125	50.0	50.0	100.0
年龄	20 岁及以下	1	0.4	0.4	0.4
	21—30 岁	104	41.6	41.6	42.0
	31—40 岁	93	37.2	37.2	79.2
	41—50 岁	37	14.8	14.8	94.0
	51—60 岁	15	6.0	6.0	100.0
	初中	2	8	8	8
	高中/职高/中技/中专	32	12.7	12.8	13.6
	大学专科	64	25.5	25.6	39.2
	大学本科	133	53.0	53.2	92.4
	研究生	19	7.6	7.6	100.0
职称	初级	48	19.1	19.2	19.2
	中级	88	35.1	35.2	54.4
	高级	19	7.6	7.6	62.0
	没有职称	95	37.8	38.0	100.0

2. 被访者对事业单位养老保险制度的改革态度

被访者对事业单位养老保险制度的改革态度包括被访者对公务员与事业单位人员养老保险制度改革态度、事业单位人员与企业职工养老保险制度整合的态度、机关事业单位人员与企业职工养老保险制度的整合态度以及各类城镇职工对待社会养老保险制度筹资模式的态度等方面，它们构成了一个有机整体。

在民众调查对象中，重庆市的被访者认为，公务员和事业单位人员应该实行同一养老保险制度的占 77.4%；在专业人员调查对象中，则有 82.4% 的人认为公务员和事业单位人员实行同一养老保险制度是"可行的"。两个数据说明，合并公务员退休养老制度和事业单位人员养老保险制度，具有很好的民意基础支撑。正因为如此，2015 年国务院颁发的《关于机关事业单位养老保险制度改革的决定》就容易得到机关事业单位人员的认同。如表6-13、表6-14 所示。

表6-13　　　　　　民众对公务员和事业单位人员实行
同一养老保险制度看法

	人数（人）	百分比（%）	有效百分比（%）	累积百分比（%）
同一个制度	387	77.4	77.4	77.4
不同的制度	49	9.8	9.8	87.2
不清楚	64	12.8	12.8	100.0
合计	500	100.0	100.0	

表6-14　　　　　专业人员对公务员和事业单位人员
实行同一养老保险制度看法

	人数（人）	百分比（%）	有效百分比（%）	累积百分比（%）
非常可行	108	43.2	43.2	43.2
比较可行	98	39.2	39.2	82.4
不太可行	40	16.0	16.0	98.4
非常不可行	4	1.6	1.6	100.0
合计	250	100.0	100.0	

不仅如此，普通民众调查者认为，事业单位人员和企业职工应实行同一养老保险制度的占73.6%；而在对专业人员被访者中只有56.4%的人认为事业单位人员和企业职工实行同一养老保险制度是"可行的"。具体如表6-15、表6-16 所示。也就是说，被访者对整合这两种制度的认同度不是很高，原因就在于大部分事业单位被访者认为将涉及他们自身利益的制度与企业职工合并有降低其养老金待遇的担忧，甚至有选择性改革的嫌疑。

表6-15　　　　民众对事业单位人员和企业职工实行
同一养老保险制度看法

	人数（人）	百分比（%）	有效百分比（%）	累积百分比（%）
同一个制度	368	73.6	73.6	73.6
不同的制度	74	14.8	14.8	88.4
不清楚	58	11.6	11.6	100.0
合计	500	100.0	100.0	

表6-16　　　专业人员对事业单位人员和企业职工实行
同一养老保险制度看法

	人数（人）	百分比（%）	有效百分比（%）	累积百分比（%）
非常可行	64	25.6	25.6	25.6
比较可行	77	30.8	30.8	56.4
不太可行	98	39.2	39.2	95.6
非常不可行	11	4.4	4.4	100.0
合计	250	100.0	100.0	

　　进一步的统计分析发现，在专业人员被访者当中，还有40.4%的人认为公务员应该单独设立一个养老保险制度比较合理。

　　就公务员、事业单位人员与企业职工养老保险制度的改革态度而言，有59.2%的专业人员被访者认为这三类职工实行一个养老保险制度"比较必要"，有62%的人认为这三类职工实行一个养老保险制度"比较可行"，有89.6%的人认为我国社会养老保险制度应该实行"基础养老金与个人账户相结合"的筹资模式。具体如表6-17、表6-18以及表6-19所示。

表6-17　　专业人员对机关、事业单位人员和企业职工

养老保险制度整合必要性看法

	人数（人）	百分比（%）	有效百分比（%）	累积百分比（%）
非常必要	76	30.4	30.4	30.4
比较必要	72	28.8	28.8	59.2
不必要	90	36.0	36.0	95.2
非常不必要	12	4.8	4.8	100.0
合计	250	100.0	100.0	

表6-18　　专业人员对机关、事业单位人员和企业职工

养老保险制度整合可行性看法

	人数（人）	百分比（%）	有效百分比（%）	累积百分比（%）
非常可行	75	30.0	30.0	30.0
比较可行	80	32.0	32.0	62.0
不太可行	85	34.0	34.0	96.0
非常不可行	10	4.0	4.0	100.0
合计	250	100.0	100.0	

表6-19　　　专业人员对我国社会养老保险制度

筹资模式看法

	人数（人）	百分比（%）	有效百分比（%）	累积百分比（%）
只建立基础养老金制度	18	7.2	7.2	7.2
只建立个人账户养老金制度	8	3.2	3.2	10.4
基础养老金与个人账户相结合	224	89.6	89.6	100.0
合计	250	100.0	100.0	

对重庆市的问卷调查表明，即便在经济欠发达的重庆市，加快事业单位养老保险制度改革，同步推进机关、企业职工养老保

险制度的改革，缩小三类职工养老保险金待遇差距，具有深厚的民意基础，得到最广泛的民意支持。这为我们构建基础普惠型事业单位养老保险制度提供了可靠的民意支撑。

七　小结

上面的分析表明，加快推进事业单位养老保险制度已经成为社会各界的普遍共识。为了建立更加公平、更可持续的事业单位养老保险制度，我们按照底线公平思想构建了基础普惠理论，运用基础普惠理论对 2008 年的事业单位养老保险制度改革试点方案加以优化，对 2015 年国务院的改革方案加以完善，提出了基础普惠型事业单位养老保险制度，确立了基础普惠型事业单位养老保险制度的缴费原则、缴费结构及养老金待遇计发办法，测算出各种不同方案下财政支出总额及财政可持续情况，发现经过基础普惠型事业单位养老保险制度方案更具有公平性与可持续性。

第一，公平与普惠是完善 2008 年事业单位养老保险制度改革试点方案以及 2015 年国务院的改革方案的价值基础与理论依据，也是完善国务院这两个方案必须始终坚守的价值底线、责任底线与理论基点，要据此完善事业单位养老保险制度试点方案，提出更加公平、更可持续的事业单位养老保险制度改革建议。这意味着，事业单位养老保险的改革不应该沦为了缓解财政压力而损害公平的"甩包袱"行为，也不能简单地与企业职工基本养老保险制度相并轨，更不能退回到机关公务员退休养老的老路，徒增财政支出压力。我们在基础普惠理论指导下，秉持公平性与可持续性、基础普惠性与适度差异性相结合，从改革对象的确立、缴费额度的确定、养老金待遇项目的构成、计发办法的设置等方面着手，抓住我国经济发展的有利时机，稳步扩大事业单位养老保险的缴费人数、延长退休年龄以及建立职业年金的设置，提出基础普惠型事业单位养老保险制度框架，走出一条集公平与可持续发展相统一的事业单位养老保险改革之路，解决了发达国家养老保险制度建设过程中公平性与可持续性不相兼容的矛盾，有力地促进了包括事业单位在内的各类人员养老保险制度的持续发展。

从公平与可持续相结合的角度看，改革事业单位养老保险制度是大势所趋，完善事业单位养老保险制度形成更加公平合理的事业单位养老金待遇更是人心所向。通过改革，既要与机关公务员退休养老制度相一致，又要与城镇企业职工基本养老保险制度相整合，使三类人员形成更加合理的权利与义务关系及结构，形成更加合理的养老金待遇结构。因为事业单位养老保险制度改革涉及机关及企业等单位，如果只改革企业及部分事业单位人员，而没有对城镇所有类型的职工加以改革，那么它永远也无法解决养老保险制度双轨制乃至多轨制问题，也不可能解决各个阶层养老金收入差距过大问题，因而也就无法解决养老金收入公平性问题，由此将加剧社会各阶层对这种制度设计的不满。反过来，只有对城镇所有类型的职工实行联动改革，消除养老保险制度覆盖对象的壁垒，增进社会各阶层对养老保险制度公平性的认同，减少养老保险制度改革的阻力。

公平性与持续性相结合，内在地要求我们关于事业单位养老保险制度顶层设计原理要与其他两个群体相互一致，机关、事业单位、企业等所有职工都要参加养老保险制度而不能厚此薄彼，所有单位及其职工都要按照权利与义务相对等的原则缴交养老金，所有参保单位及个人的缴费基数及缴费比例设置应该一致，也就是说各单位按照本单位职工上年度月平均工资总额的10%缴费，所有职工按其本人上年度月平均工资总额的5%缴费。同时，所有职工都要按照基础普惠与适度差异相结合原则实行社会统筹与个人账户相结合的养老金计发办法，把整个养老金划分为"基础养老金""个人账户养老金"以及"职业年金"或"企业年金"三块。其中，依据基础普惠理论构建的基础普惠型事业单位养老保险制度的"基础养老金"属于普惠型养老金，按照适度差异原则建立的"个人账户养老金"以及"职业年金"或"企业年金"都属于非基础型养老金。

第二，各类职工的养老保险制度要能够整合与接转。"统账结合"是20世纪90年代我国在结合自身实际、吸取国外养老保险制度建设经验与教训基础上形成的、体现着中国养老文化的制度设置与制度安排。该制度在实施过程中尽管存在着缴费比例不合理、各类职工之间的养老金待遇差距过大等问题，但是，该制度模式在调动各个主体积极性、体现养老责任共担、化解养老金支付风险、实现权利与义务相称、促进制度可持续等方面比其他养老保险制度更具有明显的优势，体现着责任共担与责任分担相结合原则，体现了底线公平思想，是基础普惠理论的实践来源。因此，包括机关在内的事业单位养老制度在改革过程中可以借鉴企业职工的"统账结合"模式进行制度的顶层设计，明确所有事业单位及其参保者个人都必须缴费，让"统账结合"模式全面覆盖城镇各类职工，便于各类养老保险制度的衔接与整合，便于各类职工的养老金结算，促进各类职工双向、自由的流动，做到养老保险制度的建立与完善，促进阶层与人口的和谐流动。

从这个角度出发，完善事业单位养老保险制度试点方案，在2015年国务院改革方案基础上建立起基础普惠型事业单位养老保险制度，引入单位及个人缴费不仅十分必要，而且具有理论上的合理性以及现实上的必然性。因为个人缴费是养老保险权利与义务相结合的集中体现，是个人抵抗养老风险的责任所在，加入个人缴费的设置，还可以大大缓解事业单位养老保险财政支出压力。所以，个人缴费是包括机关、事业单位在内所有职工的应尽责任。更为重要的是，采取单位与个人共同缴费，能够与企业职工养老保险制度的设计原理相一致，便于各种不同的养老保险制度的衔接与整合。实际上，当我们坚持采取单位与个人共同缴费，且各类单位及其职工的缴费比例相同，各类人员的养老金待遇采取相同的计发办法的时候，就是要整合各类职工的养老保险制度，这是改革事业单位养老保险制度的重要使命，否则，缺乏整合与衔接的事业单位养老保险制度改革，必将仍然形成一个又一个的制度断裂与制度碎片，进而也降低了事业单位养老保险制度的改革价值。

第三，全面建立职业年金制度，保障参保者的退休养老金待遇，增强员工的获得感以及对单位的认同感与归宿感。职业年金是保障事业单位人员改革后的养老金收入不至于过度降低的一种策略，有助于推进事业单位养老保险制度改革的重要手段。通过职业年金的设置，不仅可以解决事业单位员工养老金替代率下降的问题，而且还可以吸引并带动更多的企业为员工购买企业年金，从而增加员工的退休养老保险金收入。因此，应当要求所有事业单位按照本单位职工上年度月平均工资总额的4%进行缴费形成职业年金，事业单位员工个人无须缴纳职业年金费用，这是弥补事业单位养老金替代率下降、减少改革阻力、赢得被改革者认同、促进事业单位养老保险制度财政可持续的妥善办法。

在建立职业年金的同时，政府要承担事业单位养老保险制度改革所带来的转制成本，这种转制成本表现为各级财政短期内需要经受"双重支付"的压力：既要支付留在老制度下退休人员的养老金，又要支付缴费年限未满15年就逐步退休并且其养老金按照老办法计发的"中人"的养老金，还要做好"新人"基本养老保险以及职业年金部分的财政转移支付工作，在最近10—15年内它给我国各级财政支出带来了一定的压力。但是，应当看到，经过这样的"阵痛"之后，将使得需要支付退休养老金的"老人"及"中人"越来越少，交缴个人养老金账户的人员越来越多，整个养老金财政支付压力将日益减少，尤其是降低单位的基本养老金及职业年金的缴费比例后财政压力将大大减轻，只有经历了这场阵痛才能够彻底扭转整个养老保险制度所存在的痼疾：养老金待遇的增长、养老金支付期的延长与财政收入经常处于周期性变动之间的矛盾，从而实现财政可持续发展，这个"阵痛"构成了人们所说的改革成本，我们应当做好消化这场改革成本的制度准备、技术准备及心理准备，建立起基础普惠型事业单位养老保险制度，解决发达国家养老金领域长期困扰的难题，实现整个养老保险制度更加公正、更可持续的发展。

第七章　事业单位养老保险制度
改革的实现

事业单位养老保险制度的改革不仅涉及事业单位员工本身，而且最终也会影响到公务员以及企业职工等群体，并与这些群体的退休养老制度紧密相关，事业单位养老保险制度的走向对其他两类养老制度的改革与完善产生深远的影响。这就需要我们在提出事业单位养老保险制度的改革思路、实现途径及政策安排时统筹兼顾其他相关群体的养老保障制度，促进事业单位养老保险制度改革的实现。

一　事业单位养老保险制度的改革思路

思路决定出路，有什么样的思路就会有什么样的制度安排和相应的政策设计。推进事业单位养老保险制度的改革必须要有清晰的思路，避免没有思路、思路不清乃至思路错误等情况的发生。我们认为，改革事业单位养老保险制度应该遵循以下思路。

1. 转变价值理念
任何一种社会政策与社会制度在顶层设计中都蕴含着特定的价值观念与价值选择，体现着特定的社会意识形态，它表现为

"一种权威性的社会价值分配方案"①。蒂特姆斯曾经说过，在社会福利体系中，人们无法逃避各种价值选择，"以中立的价值立场讨论社会政策是没有意义的事情"②，事业单位养老保险制度的改革与完善同样也不例外。改革事业单位养老保险制度首先要解决的不是制度设计与实施方案，而是该项政策或制度背后的价值理念，它需要我们切实加以解决。

一是从体面生活向基本生活理念转变。过去的事业单位与机关公务员的退休养老制度主要吸收苏联国家保障的原理及做法，从国家福利出发为包括事业单位在内的各类人员提供全面而体面的退休养老金待遇，他们的退休工资更多地与其职级有关，而与个人是否缴费以及缴费额度无关。机关事业单位的这种做法在20世纪90年代企业职工参加基本养老保险后就逐步拉开了三类群体的养老金待遇差距。所以，改革事业单位养老保险制度，就是强调政府必须应该无条件地让职工享有基础养老金待遇，基础养老金的待遇与当地居民日常基本生活水平相挂钩，与当地职工社会平均工资相挂钩，从而让基础养老金能够保障参保者获得稳定而可靠的基本生活需求。而个人账户养老金则需要员工自己缴费来获得。这在一定程度上就确保政府责任的可兑现性与可实现性，财政可支持性，使得政府在养老金领域实现了从过去体面性生活的满足到现在的基本生活需求的满足，这是回归到养老保险制度本性的必由之路。例如，为了实现养老金待遇的公平性，贝弗里奇就主张"社会保险应当以提供人们基本生活的最低收入为目标"③，因此，社会保险计划首要的是要保证"基本生活待遇

---

① 景天魁等：《普遍整合的福利体系》，中国社会科学出版社2014年版，第424页。

② ［英］蒂特姆斯：《社会政策十讲》，江绍康译，吉林出版集团有限公司2011年版，第12页。

③ ［英］贝弗里奇：《贝弗里奇报告——社会保险和相关服务》，原劳动和社会保障部社会保险研究所组织翻译，中国劳动社会保障出版社2008年版，第12页。

水平统一；缴费率统一"①，不论其收入高低，统一费率、统一待遇，体现了底线公平下基础普惠理论的价值立场。

二是从全面保障到基础保障理念的转变。与上述情形相类似的是，过去的事业单位人员实行退休养老，他们的退休养老金包含了工龄工资、职务（职称）工资及各种津贴，项目较为齐全，待遇很高，他们的退休养老金替代率普遍能够达到85%以上，属于全面普惠、较高福利的退休养老金，体现着全面保障思想及高福利制度实践。但是，如此高的养老金替代率、如此高的福利待遇不仅引起企业职工的反弹，使得全社会形成去机关事业单位就业的导向，而且给政府财政支出带来了巨大的困难，使得政府财政支出难以为继，进而影响这个制度的可持续发展。改革事业单位养老保险制度，就是把事业单位养老保险从全面保障观念向基础保障观念转变，从高福利保障向基本生活需求保障方向转变，从重点保障机关事业单位群体向保障所有职工包括城乡居民转变。政府重在探索保障基本生活水准的项目、标准及其变动规律，确保各类人员的基础养老金收入差距不大，这样的基础养老金收入能够解决他们基本的物质养老需求，而非基础保障部分则需要个人的努力、家庭的支持、单位的参与及社会的提供。

三是从责任独担及责任分担向责任共担观念转变。以往的机关事业单位退休养老金待遇主要是按照责任独担原则建立起来的，个人及单位都不需要交缴养老金，事业单位人员的退休养老责任虽然分担到中央、省、市、县等各级政府，中央政府负责中央所属事业单位的退休养老金，各地方政府独自承担本地区事业单位人员的退休养老金，但都是各级财政独自承担。在这种情形下，事业单位员工的退休养老金收入与其个人及单位的缴费无

---

① ［英］贝弗里奇：《贝弗里奇报告——社会保险和相关服务》，原劳动和社会保障部社会保险研究所组织翻译，中国劳动社会保障出版社2008年版，第6页。

关，更多地与地方财政收入及个人的行政级别有关。这种观念严重偏离了养老保险的本质与内在要求，很容易使得我们的养老保险制度走上发达国家业已出现的困境，不利于建立公平可持续的事业单位养老保险制度。为此，我们应该遵循养老保险的一般规律，强调事业单位养老保险责任应该由个人、单位及政府共同承担，单位及个人同样负有不可推卸的责任。

2. 明确改革重点

事业单位养老保险制度改革的主要目的就是实现制度的公平与可持续，公平不仅涉及各个群体之间的公平，还涉及事业单位养老保险制度内部构成之间的公平，而且还包括个人的缴费与其未来可能获得的养老金收益之间的公平；可持续则包含制度可持续与财政可持续两个维度。这就要求我们筑牢底线，将财政优先用来解决好具有底线性质的基础养老金部分。

一是地位排序优先。从养老金来源构成上看，事业单位养老保险金收入包括基础养老金、个人账户养老金及职业年金三部分。"基础养老金"具有底线性质，它是任何人都需要、与人们的基本生活水平相当的收入，每个人都不可或缺，是一种"雪中送炭"式的福利收入；"基础养老金"具有普惠性质，这是事业单位人员必须要获得的基本生活待遇。各级政府要下力气去研究满足本地民众基本生活需要的基础养老金待遇变动情况和变动规律，把基础养老金的建设放在事业单位养老保险制度建设的核心位置。"个人账户"养老金是属于改善型的制度设计，通过个人账户养老金收入，可以提高参保者的生活水平。而"职业年金"属于"锦上添花"的制度安排。这样，基础普惠型事业单位养老保险制度建设中就可以明确各个项目的轻重缓急。

二是财政投入优先。财政投入优先与财政可持续辩证统一，财政投入优先必须要以财政可持续为前提，财政可持续为财政投入优先提供保证。财政可持续是基础普惠型事业单位养老保险制度建设的重要目标，财政可持续就是按照基础养老金、个人账户养老金及职业年金这个顺序进行财政投入，优先解决事业单位人员的基础养老金投入，确保事业单位人员获得稳定而可靠的基础养老金收入，切实保障这类人员的基本生活需求。财政可持续还包括利用财政做实事业单位养老保险个人账户，避免空账运行的再度发生。在此基础上，确保个人账户实账运行所需要的财政支持，然后再考虑调动各单位建立职业年金。财政投入优先也包括优先解决企业职工以及将来公务员并轨改革后的基本养老保险金待遇问题。

三是基础养老金标准优先提高。随着经济发展及物价上涨，民众普遍要求提高养老金待遇，确保老有所养。从基础普惠角度出发，我们所构建的事业单位养老保险制度要求财政应该优先提高各类参保者的基础养老金标准，使基础养老金能够解决各类退休人员的食品、衣着、交通通信、文娱教育、日常生活设施等基本的生活需要支出。至于其他方面的生活需要主要依靠个人账户养老金及职业年金收入等予以保证。通过这三个支柱养老金体系的建设，形成以基础养老金为主、个人账户养老金及职业年金为辅的养老保险体系。

3. 注重制度统筹

长期以来，我国城镇职工养老保险采取多轨制，各种不同的群体所建立的制度并不相同，他们的养老金待遇差异较大，社会各界反应比较强烈，普遍要求改革现行的各类职工养老保险制度体系，希望建立更加公平、可持续的养老保险制度，使得各类人员的养老金待遇差距不能过大。这就要求基础普惠型事业单位养老保险制度的改革遵循阶层统筹这一思路。

一是统筹各类职工的养老保险制度设计原理。事业单位以及机关、企业职工等群体都要依据底线公平思想、在基础普惠理论指导下建立起相互统筹的基础普惠型养老保险体系，所有城镇职工均要按照权利与义务相统一原则、采取社会统筹与个人账户相结合建立基础普惠型养老保险制度。因此，每个群体都要交缴养老保险金，所有单位都要承担单位缴费部分，不仅事业单位应该如此，机关公务员也要交缴养老金；不仅机关事业单位普通职工需要交缴养老金，就是最高职务、最高职称的机关事业单位人员也要交缴养老金，努力恪守养老保险的基本守则。

二是统筹各类职工的养老保险制度结构。改革事业单位养老保险制度，并不一定非得建立同一种制度以及待遇完全相同的大一统养老保险制度，这同样不利于调动各类职工的参保积极性。由于各类职工的养老金经费来源不一，因而可以在统筹制度设计原理的前提下建立制度结构统筹的养老保险制度。也就是说，实行"一套制度、三个标准"。"一套制度"就是同一种制度结构与制度框架，它是指机关、事业、企业职工都实行社会统筹与个人账户相结合的养老保险制度结构与框架，这三类人员的单位及个人缴费费率一样；"三个标准"是指这三类人员的社会平均工资不一样，本人上年度月平均工资不一样，因而单位及个人最终的缴费额度就可以不一样。

三是统筹各类职工的养老保险制度内容。以事业单位养老保险制度改革为契机，统筹三类职工的养老保险制度内容。按照社会统筹和个人账户相结合，个人及单位缴费相促进，事业、机关及企业职工养老保险制度相统筹，把这三类职工的养老保险制度内容统筹起来。事业单位按照缴费工资总额的10%左右缴费，事业单位职工缴费比例为本人缴费工资的5%，单位再按4%建立职业年金，个人不需要交缴职业年金费用。参保者达到退休年龄且缴费年限累计满15年的人员发放基本养老金和职业年金。其中，基本养老金由基础养老金和个人账户养老金两部分组成。基础养老金月标准以当地上年度职工月平均工资和本人指数化月平均缴费工资的平均值为基数，缴费每满 1 年发给 1%，基础养老金要能够解决参保者基本的生活需求，并逐年提高基础养老金标准；个人账户养老金月标准为个人账户储存额除以计发月数。机关公务员也按照这个制度模式进行。通过这些内容的改革，不仅保证了事业单位职工的养老金替代率不至于下降过多①，而且有力地保证了该制度的财政可持续，为企业职工养老保险制度的改革提供借鉴。

二　事业单位养老保险制度的改革步骤

建立基础普惠型事业单位养老保险制度涉及改革的主体、对象、机制及方式等各个方面，需要对这些方面协同改革。

1. 事业单位养老保险制度改革的主体

政府是基础普惠型事业单位养老保险制度的改革主体，政府尤其是中央政府要进行包括事业单位在内整个养老保险制度的顶层设计，明确机关事业单位养老保险制度的改革目标以及它与其他企业职工社会养老保险制度的关系，因而政府尤其是中央政府在事业单位养老保险制度改革中处于"龙头地位"，统领着整个事业单位养老保险制度的改革，并统筹协调机关及企业职工养老保险制度的改革。省级人民政府则要结合中央的文件精神制定符合本省实际的政策文本，指导本省各地市的改革。地市级政府则要因地制宜贯彻基础普惠型事业单位养老保险制度的政策实施，向上级部门反映改革过程中所遇到的问题。社会各界要为包括事业单位在内各类人员的养老服务提供场地、项目、内容，增强退

---

① 本书第六章已经论证了替代率变动情况。

休人员的获得感。因此，不同的主体在事业单位养老保险制度改革中承担责任的范围与大小不同。我们所进行的事业单位养老保险制度改革的主体实际上是包含着中央、省、地级市以及社会各界在内的有机整体，这就要明确这些主体在基础普惠型事业单位养老保险制度中的责任界限与责任范围。

2. 事业单位养老保险制度改革的对象

建立基础普惠型事业单位养老保险制度改革是一项系统工程。从改革对象上看，它需要对相关人员特别是机关、事业、企业职工加以协同改革，以增进事业单位养老保险制度更加公平、更可持续。

首先，要改革事业单位养老保险制度的参保对象，将事业单位所有员工都纳入到改革范畴中。从社会保险角度看，很多事业单位的所有人员均参加了社会医疗保险，个人交缴医疗保险金，所有员工生病后凭医保卡到各级医院就诊。这一做法为这类人员参加社会养老保险制度提供了支撑。因此，要将事业单位内所有员工都纳入到养老保险制度改革中，不能先进行分类，不能只改革"生产经营"类以及"公益服务"类，简单地让"生产经营"类事业单位人员直接参加城镇企业职工基本养老保险，让"公益服务"类人员参加事业单位养老保险制度改革试点方案，而不去改革"行政"类。同时，也不能只改革事业单位中的普通工人或合同制员工，而不改革事业单位编制内人员。否则这样的改革有失公平，难以得到被改革者的普遍认同，甚至引发新的社会矛盾。

其次，按照基础普惠型事业单位养老保险改革方案对所有公务员同步加以改革，这是养老保险制度增强普遍性、减少选择性、促进公平性、增进持续性的最好办法。为此，机关事业单位及个人要按照各自平均工资设置同等的缴费比例，这两类职工都建立职业年金，他们的退休养老金计发办法基本一致。同时，要将机关工人纳入改革对象，做到机关事业单位改革对象的全覆盖。

再次，同步改革企业职工基本养老保险制度，依据底线公平、按照基础普惠原理优化社会统筹与个人账户相结合的企业职工基本养老保险制度，逐步降低企业缴费比例到10%左右，企业职工个人缴费比例下降到5%左右，同时鼓励企业为职工建立企业年金，企业按照不超过职工缴费工资基数的4%建立企业年金（按照2%、3%以及4%三档设置缴费比例）。为了鼓励企业为职工建立年金的积极性，同样可以采取税前列支的方式进行。企业职工的基础养老金仍然采取盯住基本生活需要的费用以及社会平均工资这一策略，确保基础养老金待遇能够解决员工的基本养老需求。

通过同步改革养老保险制度实施的对象，有助于事业单位养老保险制度改革目标的顺利实现，最终建成更加公平、更可持续的养老保险制度体系。

3. 事业单位养老保险制度改革的机制

要想扎实推进事业单位养老保险制度的改革，建立更加公平、更可持续的养老保险制度体系，还要有一套行之有效的机制。

一是强制机制。强制机制是一种行政性约束机制，这种机制在当代中国能够提高行政效率，做到政令畅通。通过强制性的行政手段，能够把改革的政策、要求迅速地传达下去，使各级政府能够执行好中央政府的政策，也能够将相关制度内容覆盖到所有改革对象，让各单位、每位事业单位人员及时足额交缴养老金。

二是进入与退出机制相结合。让各类人才流动起来，使他们能够便捷地在机关、事业及企业等领域自由、双向流动，这是事业单位养老保险制度改革的一项目标。因此，事业单位养老保险制度的顶层设计原理、制度结构及制度框架等要与企业职工及公务员的退休养老制度整合起来，使事业单位人员可以自由地加入或退出事业单位养老保险制度，选择加入机关或企业职工基本养老保险制度，而不至于使他们的养老金收入差距过大、损失过多。只有这样，整个改革方案才能最大限度地得到人们的广泛支持。

三是激励与惩罚机制相结合。激励机制就是要鼓励事业单位人员以及公务员转变观念，到企业去进行创业，政府要为这类人员提供必要的保证及激励，至少要保证他们的养老金收益不至于下降过多。从基础普惠型养老保险制度体系来看，该制度体系有效地避免了机关事业及企业职工之间的养老金待遇差距过大问题，使得同等条件下的三类员工的养老金待遇大致相同，从而有助于人才向企业流动。同时，鼓励各单位积极建立职业年金或企业年金，以提高参保者的养老金待遇。另外，对那些不及时交缴养老金的参保单位及个人予以必要的行政处罚及法律制裁，防止个别单位及个人仍然习惯于以往的"福利依赖"。

三　事业单位养老保险制度的改革措施

完善事业单位养老保险制度，实现事业单位养老保险制度更加公平、更可持续的发展，需要我们完善相关改革措施，如实现事业单位养老保险制度管理机构的整合，加快《社会保险法》的修订与完善，推动事业单位养老保险信息化建设，形成有助于事业单位养老保险制度改革的政策保障。

1. 整合养老保险管理机构

整合管理机构、实现管理机构一元化就是由一个政府部门统一管理各类人员的退休养老事务。根据我国现行的政府职能分工，可以将原来分散到公务员局等部门的职能管理统一归口到人力资源和社会保障部，由该部门统一管理机关、事业单位、企业职工以及城乡居民的养老保险事务。这种行政架构就为地方政府整合相关养老保险管理机构提供了基础。当然，具体到地方政府层面，就需要把分散在公务员局、人事局的有关机关、事业单位人员养老保险的管理机构及管理职能划拨到人力资源和社会保障局。只有统一养老保险管理与经办机构，才能够整合包括事业单位在内的各类群体的养老保险制度。反过来，如果管理机构不统一、管理部门不一致，甚至存在部门之间的相互壁垒，则很难做到各类职工养老保险制度的整合。

2. 加快养老保险管理法制建设

2011 年实施的《社会保险法》明确要建立"覆盖全民""统筹城乡""老、遗、残"一体化的社会养老保险制度。该《法》指出，公务员和参公人员的养老保险由"国务院另行规定"，虽然是"另行规定"，但它却表明：公务员的退休养老制度需要改革，公务员的退休养老制度改革应在《社会保险法》下统筹兼顾、稳妥推进。这就为我们提出基础普惠型事业单位养老保险制度改革方案提供了法律依据。因此，我们要修改《社会保险法》中的养老保险法律法规部分，将所有人员纳入到改革范畴中，成为《社会保险法》的覆盖对象，统筹考虑各类职工的养老保险改革进程及侧重点，明确所有参保单位及个人都应该依法参加养老保险，承担相应的缴费义务，规范养老保险的监督机制、激励与约束机制及相应的法律责任等，推动整个养老保险制度的统筹协调发展。

3. 建立基础养老金动态调整机制

建立包括事业单位在内的基础普惠型养老保险制度着眼于防范未来生活的风险，让老年人退休后享有基本的生活保障，同时保证政府财政供给的可持续，避免发达国家出现的因财政增长的波动性而经常出现的养老金支付危机。就参保者而言，随着经济社会的发展，人们生活水平以及生活质量的提升，参保者也希望通过可靠而明确的养老金收入保障自己的晚年生活，尤其要能够应对物价水平不断上涨的挑战。这就需要根据经济社会发展水平的变化适时调整参保者的养老金收入尤其是基础养老金所得，保证参保者个人所获得的基础养老金部分能够满足其基本生活的需要。

调整养老金所得，重点在于调整基础养老金部分，使各类人员的基础养老金水平大体保持一致，并与当地居民基本生活需求项目的消费水平相一致。为此，一是要依据地方经济社会发展水平，尤其要兼顾到各地 CPI 变动情况，确保包括事业单位在内的各类职工基础养老金增幅不低于当地物价上涨指数。二是要同步调整各类职工的基础养老金，既要调整事业单位人员的基础养老金待遇，也要同步调整公务员及企业职工的基础养老金待遇，尽量保持三者的调整幅度保持一致，以利于防止养老金收入差距过大，让基础养老金成为缩小社会各阶层收入差距的重要工具。

4. 推进养老保险信息化建设

由于很多地方的城镇职工养老保险制度分属三个不同部门，各个部门往往从本部门出发建立面向本部门的养老保险信息管理系统，使得三类职工的养老保险信息化建设较为滞后，尤其是对公务员及事业单位从业人数、工资情况等信息还难以共享与整合。这就需要各地加快包括事业单位在内的各类职工养老保险信息化整合共享建设，全面、及时、准确地收集各类参保职工的有关数据和信息，通过信息系统数据分析和处理，以便使我们能够准确掌握这类职工的基本情况及养老金负担情况，为完善基础普惠型养老保险政策提供真实可靠的依据，提高决策的科学化水平。同时，通过访问养老保险信息系统，可以直接查询各地机关、事业单位及企业数量、各自的职工总数、职工聘用性质、参保情况、缴费情况及缴费比例乃至养老金支付情况等，提高整个养老保险信息的共享度，提升养老保险经办机构运用现代信息技术进行的业务能力和管理水平，节省大量的时间、人力和财力，提高工作效率，降低管理成本，进而实现以事业单位养老保险改革为龙头推进机关及企业职工养老保险制度的同步建设，形成更加公平、更可持续的养老保险制度体系。

四　小结

事业单位养老保险制度改革是一项系统工程，它必须与机关职工的退休养老及企业职工的社会养老保险制度协同改革。从政府层面看，2015 年国务院颁发的《关于机关事业单位工作人员养老保险制度改革的决定》实现了事业与机关单位养老保险制度的整合与并轨，但是该《决定》所设置的缴费比例、计发办法不具有公平性与可持续性。只有在底线公平原则指导下形成基础普惠型事业单位养老保险制度，优先发展具有底线性质的基础养老金制度，优先解决参保者的基本生活需求，确保基础养老金实现公平普惠，在此基础上通过适当的个人账户养老金与职业年金，满足参保者多层次的养老需求。这就要求事业单位养老保险制度在完善改革方案时统筹兼顾机关公务员、企业职工甚至城乡居民等各类群体，统筹各类职工的养老保险制度原理、制度结构、政策框架及政策内容，确保各类职工能够获得基于普惠性质、体现底线公平、立足于解决基本生活需求的基础养老金，增进整个养老保险制度的公平性，切实解决城乡居民企图搭乘职工养老保险便车、职工企图搭乘机关事业单位养老金便车问题，使这部分的养老金收入能够解决参保者个人最基本的日常生活需求。

实现上述政策目标，就要理顺中央、省、地级市之间在事业单位进而在所有群体养老保险制度建设中的责任范围与责任界限，将事业单位及机关公务员所有员工纳入到改革范畴中，同时完善企业职工基本养老保险制度，这是养老保险制度增强普遍性、减少选择性、促进公平性、增进可持续性的最好办法。为此，要采取强制性机制，实行进入与退出机制相结合、激励与惩罚机制相补充，实现养老保险管理机构的一元化设置，加快养老保险管理制度法制建设，建立包括事业单位在内的各类职工基础养老标准动态调整机制，加快养老保险信息化建设。通过这些改革措施，扎实推进事业单位养老保险制度更加公平、更可持续的建设，切实解决发达国家养老保险制度百年来在建设中始终无法解决的养老金待遇刚性增长与财政收入柔性变动之间的矛盾性与不可调和性，解决以往养老保险制度出现的制度设计初衷公平性与制度实施结果的效率性矛盾，不断增强基础普惠型养老保险制度的理论自信与制度自信，为人类养老保障事业提供中国模式、贡献中国智慧。

附录 事业单位养老保险制度改革调查问卷

亲爱的朋友：

您好！

为了全面了解和反映社会各界对事业单位养老保险制度的改革意见、建议和要求，我们组织了此次调查。根据科学调查的要求，我们使用分层抽样方式选择调查对象，您是其中的一位。本次调查使用问卷方式，问卷中的答案没有对错之分，请在相应的答案序号上打"√"（除特别注明的题目外均为单选题）。我们将严格遵守国家的法律规定，对您的资料保密，请您放心！

衷心感谢您的支持与合作！

"事业单位养老保险制度改革研究"课题组

2012 年 1 月

问卷编号：A1 [_____]

调查地点：___福建___省/市___厦门___/市/区_____县/区/市

A2 [____]   A3 [____]   A4 [_____]

调查开始时间：[____]年[____]月[____]日[____]

时〔＿＿〕分

　调查结束时间：〔＿＿〕年〔＿＿〕月〔＿＿〕日〔＿＿〕

时〔＿＿〕分

　　调查员：＿＿＿＿

　　复核员：＿＿＿＿

Q1. 您的性别是：

1. 男

2. 女

Q2. 您的出生年份是＿＿＿＿＿＿＿年

Q3. 您现在的学历是：

1. 初中及初中以下

2. 高中/职高/中技/中专

3. 大学专科

4. 大学本科

5. 研究生

Q4. 您的工作单位属于：

1. 教委及教科所部门

2. 发改委部门

3. 财政部门

4. 医疗卫生部门

5. 人力资源和社会保障部门

6. 民政部门

7. 普通高校

8. 党校、行政学院（校）

9. 党委、政府政策研究部门

10. 企业人力资源部门

11. 住房建设或房产管理部门

12. 乡镇政府或街道办事处

Q5. 您的职称是或者相当于：

1. 初级

2. 中级

3. 高级

4. 没有职称

Q6. 您的职务是或者相当于：

1. 科员及科员以下

2. 科级或相当于科级

3、处级或相当于处级

4. 处级以上或相当于处级以上

Q7. 您认为公务员参加哪一种养老保险制度比较合理：

1. 事业单位社会养老保险制度

2. 城镇职工社会养老保险制度

3. 单独设立一个养老保险制度

Q8. 您认为公务员和事业单位人员实行一个养老保险制度是否可行：

1. 非常可行

2. 比较可行

3. 不太可行

4. 非常不可行

Q9. 您认为事业单位人员和企业职工实行一个养老保险制度是否可行：

1. 非常可行

2. 比较可行

3. 不太可行

4. 非常不可行

Q10. 您认为机关、事业单位和企业实行一个养老保险制度是否必要：

1. 非常必要

2. 比较必要

3. 不必要

4. 非常不必要

Q11. 您认为将来我国机关、事业单位和企业实行一个养老保险制度是否可行：

1. 非常可行

2. 比较可行

3. 不太可行

4. 非常不可行

Q12. 您认为我国的社会养老保险制度应该选择哪一种筹资模式：

1. 只建立基础养老金制度

2. 只建立个人账户养老金制度

3. 基础养老金与个人账户相结合

4. 其他（请说明）_____

问卷到此结束，谢谢您的支持。

主要参考文献

［美］F. 莫迪利亚尼、［美］A. 莫拉利达尔：《养老金改革反思》，孙亚南译，中国人民大学出版社 2010 年版。

［美］卡特、［美］希普曼：《信守诺言：美国养老社会保险制度改革思路》，李珍等译，中国劳动社会保障出版社 2003 年版。

［英］罗伯特·霍尔茨曼、［英］理查德·欣茨：《21 世纪的老年收入保障：养老金制度改革国际比较》，郑秉文译，中国劳动社会保障出版社 2006 年版。

［美］达尔默·霍斯金斯：《21 世纪初的社会保障》，侯宝琴译，中国劳动社会保障出版社 2004 年版。

［美］托马斯·R. 戴伊：《自上而下的政策制定》，吴忧译，中国人民大学出版社 2002 年版。

蔡向东、蒲新微：《事业单位养老保险制度改革方案刍议》，《当代经济研究》2009 年第 8 期。

财政部财政科学研究所课题组：《我国事业单位养老保险制度改革研究》，《经济研究参考》2012 年第 52 期。

曹洋、田辉：《北京市事业单位养老保险改革成本与收益研究》，《社会福利》（理论版）2013 年第 9 期。

陈宗利：《机关事业单位养老保险制度改革探析》，《经济师》2006 年第 8 期。

程恩富、黄娟：《机关、事业和企业联动的"新养老策论"》，《财经研究》2010 年第 11 期。

成思危：《中国事业单位改革——模式选择与分类指导》，民主与建设出版社 2000 年版。

《担心改革后养老金会降，事业单位有人想提前退休》，《新华每日电讯》2009 年 2 月 22 日第 5 版。

董力坚：《对事业单位养老保险制度改革的重新审视》，《学术界》2010 年第 2 期。

董克用、孙博：《从多层次到多支柱：养老保障体系改革再思考》，《公共管理学报》2011 年第 1 期。

冯慧娟：《我国退休职工队伍的变化和退休制度的沿革》，《中国劳动科学》1986 年第 9 期。

封铁英、戴超：《公益服务类事业单位养老保险基金收支预测与政策仿真》，《中国软科学》2010 年第 11 期。

高红、管仲军：《论中国行政类事业单位改革的"破"与"立"》，《中国行政管理》2014 年第 2 期。

高和荣：《论中国特色社会保障理论的构建》，《吉林大学学报》2008 年第 4 期。

高和荣、夏会琴：《去身份化和去地域化：中国社会保障制度的双重整合》，《哈尔滨工业大学学报》2013 年第 1 期。

高和荣：《论整合型社会保障制度》，《上海行政学院学报》2013 年第 2 期。

高和荣：《论中国事业单位养老保险制度改革方案的完善》，《北京师范大学学报》2014 年第 4 期。

高和荣：《底线公平：机关事业单位养老保险制度改革的价值取向》，《探索》2015 年第 6 期

高和荣：《底线公平：社会保障制度建设的内在根据》，《社会科学辑刊》2016 年第 2 期。

葛延风等：《中国机关事业单位养老金制度改革研究》，外文出版社 2003 年版。

葛延风：《问题与对策：中国社保制度改革》，《中国行政管理》2003 年第 9 期。

葛延风：《建设统一的养老保险制度》，《瞭望新闻周刊》2006 年 5 月 29 日。

龚秀全：《机关事业单位养老保险制度改革完善研究》，《华东理工大学学报》2011 年第 6 期。

桂世勋：《改革我国事业单位职工养老保险制度的思考》，《华东师范大学学报》2010 年第 3 期。

韩宇明：《养老金"双轨制"两端渐行渐远》，《新京报》2012 年 9 月 14 日第 18 版。

何凤昌：《拥护国务院关于工人、职员退休处理的暂行规定草案》，《中国劳动》1957 年第 24 期。

何文炯等：《职工基本养老保险待遇调整效应分析》，《中国人口科学》2012 年第 3 期。

华迎放：《对事业单位养老保险制度改革的思考》，《中国劳动保障》2006 年第 11 期。

姜爱林：《论事业单位分类改革的必要性实践模式及其未来选择》，《学术动态》2010 年第 1 期。

姜爱林：《论事业单位养老保险制度改革的基本状况、制约因素与破解对策》，《宁夏社会科学》2010 年第 3 期。

蒋云赟：《养老保险改革对财政体系的影响：以机关和事业单位为例》，《探索与争鸣》2008 年第 4 期。

景天魁等：《中国社会保障制度改革：反思与重构》，《社会学研究》2000 年第 6 期。

景天魁：《社会保障：公平社会的基础》，《中国社会科学院研究生院学报》2006 年第 6 期。

景天魁：《适度公平就是底线公平》，《中国党政干部论坛》2007年第 5 期。

景天魁：《大力推进与国情相适应的社会保障制度建设——构建底线公平的福利模式》，《理论前沿》2007 年第 18 期。

景天魁：《普遍整合的福利体系》，中国社会科学出版社 2014年版。

李珍、王海东：《基本养老保险目标替代率研究》，《保险研究》2012 年第 1 期。

李春林等：《事业单位分类改革中面临的深层次问题及其启示——来自鄂尔多斯市和包头市事业单位分类改革的调研报告》，《中国行政管理》2008 年第 8 期。

李真男：《社会分层、收入差异和机关事业单位养老保险的可能取向》，《改革》2013 年第 2 期。

林东海：《突破公务员养老改革困境：政策分析的视角——近年公务员养老改革国际趋势对中国的借鉴》，《中国软科学》2011 年第 5 期。

刘钧：《事业单位养老保险改革述评》，《中国人口资源与环境》2011 年第 1 期。

刘钧：《美国企业年金计划的运作及其对我国的启示》，《中央财经大学学报》2002 年第 9 期。

刘金章：《我国养老保险发展战略初探》，《天津财经学院学报》1988 年第 2 期。

卢驰文：《机关事业单位养老保险制度转轨的财政压力分析》，《理论探索》2008 年第 1 期。

罗倩妮：《构建第二支柱职业年金制度——事业单位养老保险改革突破口》，《市场论坛》2010 年第 4 期。

米红、杨贞贞：《也谈机关事业单位养老保险方案设计》，《中国社会保障》2014 年第 5 期。

秦建国：《我国机关事业单位养老保险制度改革研究》，《理论探讨》2007 年第 1 期。

苏明等：《我国事业单位养老保险制度改革研究》，《经济研究参考》2012 年第 52 期。

孙守纪、黄晓鹏：《国外公务员养老保险制度改革及其启示》，《中国社会科学院研究生学报》2008 年第 4 期。

谭中和：《统筹建立企业和机关事业单位退休人员养老金正常调整机制》，《当代经济管理》2014 年第 6 期。

唐钧：《事业单位养老金改革须三思而行谋定而动》，《南方都市报》2009 年 2 月 1 日。

唐俊：《建立主权养老基金：另辟机关事业单位养老保险改革之蹊径》，《社会保障研究》2010 年第 3 期。

王晓军、乔杨：《我国企业与机关事业单位职工养老待遇差距分析》，《统计研究》2007 年第 5 期。

王晓军等：《我国社会养老保险不同类型人群养老金替代率的测算》，《统计与决策》2009 年第 20 期。

王晓军、乔杨：《公务员养老金制度并轨改革的设计思路与精算评估》，《社会保障研究》2013 年第 2 期。

王晓军、任文东：《我国养老保险的财务可持续性研究》，《保险研究》2013 年第 4 期。

王延中、龙玉其：《国外公职人员养老保险制度比较分析与改革借鉴》，《国外社会科学》2009 年第 3 期。

王延中：《中国社会保障收入再分配状况调查》，社会科学文献出版社 2013 年版。

文太林：《事业单位养老保险的现状和前景》，《现代经济探讨》2012 年第 7 期。

许晓丹、郭圣乾：《事业单位养老保险改革替代率分析》，《社会保障研究》2011 年第 5 期。

杨燕绥等：《事业单位养老金制度的帕累托改进条件分析》，《公共管理学报》2011年第1期。

易丽丽：《公益类事业单位改革的难点与建议——基于76位省部级领导干部的研讨观点》，《领导科学》2012年第18期。

余仲华：《事业单位养老保险改革基本评述》，《劳动保障世界》2011年第6期。

臧宏：《事业单位养老保险制度改革研究》，吉林人民出版社2007年版。

张伟：《改革和完善机关事业单位养老保险制度探讨》，《中州学刊》2004年第4期。

张芳芳、杨燕绥：《我国事业单位养老金制度改革试点的困境解析》，《统计与决策》2012年第17期。

张继民、吴忠：《上海市事业单位养老保险改革的财政压力分析》，《社会保障研究》2011年第4期。

张祖平：《企业与机关事业单位离退休人员养老待遇差异研究》，《经济学家》2012年第8期。

赵子涛：《事业单位养老保险制度改革的几个基本问题》，《理论学刊》2011年第11期。

郑秉文等：《公务员参加养老保险统一改革的思路——"混账型"统账结合制度下的测算》，《公共管理学报》2009年第1期。

郑秉文：《事业单位养老金改革路在何方》，《河北经贸大学学报》2009年第5期。

郑秉文：《中国社保名义账户改革新思路——混合型统账结合》，中国劳动社会保障出版社2009年版。

郑功成：《事业单位养老金改革的三个争议点》，人民网，2010年11月3日。

朱庆芳等：《现代事业人事管理》，中国人事出版社1997年版。

庄序莹等：《转轨时期事业单位养老保险运行模式研究》，《财经研究》2008年第8期。

左然：《中国现代事业制度建构纲要——事业单位改革的方向、目标模式及路径选择》，商务印书馆2009年版。

国务院：《国家机关工作人员退休处理暂行办法》，国秘字第245号，1955年12月29日。

国务院：《关于工人、职员退休处理的暂行规定》，《人民日报》1958年4月23日。

国务院：《关于工人职员退休处理暂行规定实施细则》，《人民日报》1958年4月23日。

国务院：《关于安置老弱病残干部的暂行办法》，国发〔1978〕104号。

《国务院〈关于工人退休、退职的暂行办法〉的通知》，国发〔1978〕104号。

《国营企业实行劳动合同制暂行规定》，国发〔1986〕77号，1986年7月12日。

人事部：《关于机关、事业单位养老保险制度改革有关问题的通知》，人退发〔1992〕2号，1992年1月27日。

国务院：《关于机关和事业单位工作人员工资制度改革问题的通知》，国发〔1993〕79号。

人事部：《关于机关、事业单位工资制度改革实施中若干问题的规定》，人薪发〔1994〕3号，1994年1月29日。

上海市人民政府：《上海市机关事业单位基本养老保险费统筹暂行办法》，1993年10月29日。

福建省人民政府：《福建省机关事业单位工作人员退休养老保险暂行规定》，闽政〔1994〕1号，1994年6月7日。

国务院：《关于印发完善城镇社会保障体系试点方案的通知》，国发〔2000〕42号，2000年12月25日。

人事部、财政部：《关于机关事业单位离退休人员计发离退休费等问题的实施办法》，国人部发〔2006〕60 号，2006 年 6 月 20 日。

国务院：《事业单位工作人员养老保险制度改革试点方案》，国发〔2008〕10 号，2008 年 3 月 14 日。

国务院：《关于工人、职员退休处理暂行规定实施细则（草案)》，1958 年。

国家事业单位管理局：《事业单位登记管理暂行条例实施细则》，2005 年。

《中共中央国务院关于分类推进事业单位改革的指导意见》，《人民日报》2011 年 4 月 17 日第 1 版。

《事业单位人事管理条例》（征求意见稿）。

《公务员法》第 89 条强调公务员退休后享受"退休金"而不是"养老保险金"。

《浙江省事业单位分类工作指导意见》，浙编办〔2007〕32 号。

《广东省事业单位分类改革的意见》，粤发〔2010〕6 号。

《事业单位养老保险改革缓慢 广东掀起提前退休潮》，《中国经济周刊》2009 年 10 月 26 日。

《上海市城镇职工养老保险办法》，上海市人民政府第 63 号令，1994 年 4 月 27 日。

《厦门市事业单位职工基本养老保险试行办法》，（厦府〔2004〕178 号）。

Copeland C. , *Employee tenure*: *Stable overall*, *but male and female trends differ.* EBRI Notes, 2005, 26（3）.

Ehrenberg R. G. & Schwarz J. L. , 1986, "Public sector labor markets", *Handbook of Labor Economics*, 2.

Glertz and Papke, "Public Pension Plans: Myths and Realities for State Budgets", *National Tax Journal*, Vol. LX, No. 2, 2007.

Kimball S. M. , Heneman H. G. , Kellor E. M. , "Can Pensions Help Attract Teachers?", *Journal of Education Finance*, 2005, 30 (4) .

Mattoon R. H. *Issues facing state and local government pensions*, Economic Perspectives, 2007, 31 (3) .

McDonnell K. J. & Salisbury D. , *Benefit cost comparisons between state and local governments and private sector employers*, Public Personnel Management, 2005, 34 (4) .

Munnell A. H. , Haverstick K. & Soto M. , *Why have defined benefit plans survived in the public sector*, State and Local Pension Plans Brief, 2007 (2) .

Munnell A. H. , Haverstick K. & Aubry J. P. , *Why Does Funding Status Vary Among State and Local Plans?*, Center for Retirement Research at Boston College, 2008.

Palacios R. & Whitehouse E. , 2006, " Civil—service pension schemes around the world", *World Bank Social Protection Discussion Paper.*

Schreitmueller R. G. , "The Federal Employee's Retirement System Act of 1986", Transactions of Society of Actuaries, Vol. 40, PT1, 1998.

V Carvalho Pinheiro, *Pension Funds for Government Workers in OECD Countries*, 2004。

后　　记

　　自20世纪90年代以来，适应社会主义市场经济体制的建立，我国开始了事业单位养老保险制度的试点改革，到国务院发布《机关事业单位工作人员养老保险制度改革的决定》为止，时间长达25年。这就需要我们思考究竟是什么原因需要试点如此长的时间？基于此，我们在国家社会科学基金的资助下开展了本课题的研究，形成了这一研究成果。本书在对广东、福建、上海、江苏以及重庆部分城市的实地调研基础上，对事业单位养老保险制度特性、改革困境以及完善方向进行了思考，试图重建事业单位养老保险制度，真正推进事业单位养老保险制度更加公平、更可持续的建设。

　　本书认为，改革事业单位养老保险制度，必须将各类人员加以统筹考虑，而不能只改革企业职工及事业单位人员，而不去改革机关工作人员特别是机关公务员；也不能只改革企业职工，而其他各类职工均不加以改革。某种意义上讲，事业单位养老保险制度之所以反复试点20多年，很大程度上就是由于各类员工的改革不同步所引发的。正因为改革的不同步，引发了试点过程中普遍产生了观望与消极等待思想；正是因为改革的不同步，引发了作为改革方案重要参与者的事业单位人员普遍产生了抵触情绪。

改革事业单位养老保险制度，必须要平衡各类参保者之间的权利与义务，也就是缴费及待遇之间的关系，形成更加科学合理的权利与义务、缴费及待遇关系结构，避免各类群体在养老保险制度中承担的权利与义务不一致、缴费与待遇关系不科学的问题。它要求我们必须将事业单位人员纳入到整个养老保险制度体系中加以综合考虑，平衡该群体与机关及企业职工以及其他有雇佣关系的群体的养老保险缴费及待遇关系，形成更为合理的缴费结构以及待遇标准，避免有的参保者不交费就可以获得较高的养老金待遇，而有的参保者需要交缴很高的比例但只能领取较低的养老金这样一种逆向分配情况的发生。

改革事业单位养老保险制度，保障参保人员的养老金待遇办法有很多种，并不是简单地采取单位及个人多缴费以便与原有的养老金待遇标准相差不大这个办法。可以采取降低单位及个人缴费办法，改革现行的事业单位养老保险制度，而这类参保人员退休后的养老金待遇，可以按照基本养老金与个人账户养老金相结合的办法加以改革。其中，基本养老金更多地与当地统计部门公布的八种商品的平均消费水平相挂钩，而个人账户养老金收入则来源于本人较低的缴费费率。基本养老金按照当地城市生活水平确定，体现出以公平为导向的基础普惠原则；个人账户养老金则体现适度的效率原则。

改革事业单位养老保险制度，必须着眼于建立更加公平、更可持续的养老保险制度，而不能简单地"借鉴"和"吸收"国外的"经验"。实际上，发达国家关于公职人员的养老金制度自建立之日起就开始进行改革，这些国家的公职人员养老金制度与企业职工的养老金制度在缴费及待遇方面差距不大，养老基金低收益以及高负担曾经是这些国家养老金制度普遍遇到的问题，他们的公职人员养老保险制度的可持续性不强。而中国内地的事业单位养老保险制度在改革过程中虽然也遇到许多问题，但是我们的制度完善不应该步发达国家的后尘，而应该着眼于寻求养老保险制度的普遍规律，真正探索出一条既符合中国实际又能够解决人们的基本养老需求问题，还具有可持续的制度安排，为人类的养老保险制度贡献中国模式，不断增强中国养老保障的制度自信。

本课题的研究得到了广东、福建、江苏、上海以及重庆等省市的部分城市人力资源和社会保障局、人力资源和社会保障基金管理局、社会保险基金管理中心等部门的支持，得到了苏州大学宋言奇、陈红霞两位教授的支持，张家港市委农工部李迎辉同志做了大量的协调工作，厦门市各有关区的人力资源和社会保障局、各有关区民政局等也给予了大力支持，使得本课题的调查研究得以顺利进行。

本书的撰写凝聚了课题组其他老师和同学们的心智。由于本书来源于国家社会科学基金项目，在进行课题调查过程中，我的研究生张爱敏、罗婷等同学与课题组一起赴广东调研，陈晓翀、林欣慰等同学对福建省进行了调研，韩艳同学对江苏南京的调研，以及其他同学协助访谈等。个别部分曾经作为论文与我的学生一起合作发表在刊物上。

本书的出版得到了中国社会科学出版社的关心，尤其是未曾谋面的两位责任编辑姜阿平、孙铁楠的支持，他们不嫌弃文稿的粗鄙、书稿的单薄以及作者的无名，欣然同意上报并送有关专家手里审稿，初稿编辑完成后又将修改意见反馈于我，从而进一步提升了书稿的质量。非常感谢！

当然，所有这一切，都建立在国家社会科学基金支持这个支点上，离开了这个支点，本书终将无法完成。

高和荣

2016 年 11 月 29 日